教育調査の基礎

藤田武志・西島　央

教育調査の基礎（'20）

©2020　藤田武志・西島　央

装丁・ブックデザイン：畑中　猛

s-39

まえがき

　教育は誰もが経験することであり，学校は，小学校から高校までの12年間，それに大学までも加われば16年もの長きにわたって通うことになる，非常に身近なものである。それゆえ，誰もが教育についてはよく分かっているし，たいていは経験に裏打ちされたそれなりの意見を持っている。しかし，自分の経験に他の人と比べてどんな特徴があるのか，あるいは，自分の経験はよくあることなのか特殊なことなのかなどはほとんど自覚されていないし，出された意見の前提自体が他と大きく違っていることさえある。そのため，たとえば教育改革の方向性について話し合いをしたとしても，まともな議論にならないことも少なくない。しかも，なぜ議論がまとまらないのかも理解されず，相手の頭が固いからしょうがないといったところに落ち着いてしまうこともあろう。

　冷静で，建設的な話し合いをするためにも，まずは教育の現実をしっかりと認識するところから始める必要がある。そして，その認識を確かなものとするには，教育の現実をとらえる考え方と方法をきちんと学ぶことが有効である。

　そのような考えにもとづき，本書は，主に教育調査の初学者に向けて，その考え方と方法を解説したものである。特に，社会現象としての教育をとらえるという立場から，社会学をベースとした調査方法を学ぶという内容になっている。

　本書には，以下のような特徴がある。第1に，調査の考え方や方法の説明をするだけではなく，その説明の理解を助けるために，調査の具体的な事例を数多く紹介していることである。また，第2の特徴として，教育調査について学ぶという目的から，紹介する事例はすべて教育を題材としたものとなっており，対象や方法もバラエティーに富んでいる。そして第3に，事例の紹介にとどまらず，調査の設計にどのような工夫をしたのか，分析や考察の際にはどういった点に着目したのかなど，いわば作品を作り上げる前の稽古場や楽屋での様子も紹介していることが

4

挙げられる。それによって，調査の実際に関する理解が深まることだろう。第4に，質問紙調査，観察調査，インタビュー調査，ドキュメント分析など，調査の多様な方法に触れることができることである。

　本書の構成は以下の通りである。まず，第1章と第2章で調査全般の考え方などについて学ぶ。続く第3章と第4章では，統計的調査と事例調査に2つに大別される，それぞれの調査の進め方について学習する。そして，第5章と第6章で，統計的調査の具体的な分析方法を，第7章と第8章で，事例調査の具体的な分析方法を学んでいく。

　第9章以降は，調査の具体的な分析例を通して調査の実際について学習していくが，章ごとの順序は問わないので，興味のあるところから読み進めてもらって構わない。第9章では，日本の教育の状況について公的な調査などを用いて全般的に分析した。第10章は，質問紙調査によって中学校の授業の様子を分析している。第11章では，問題状況，理論的概念，他者の合理性といったポイントからどう分析するかを示した。第12章は，部活動に関する質問紙調査の分析から，調査の方法や留意点を探った。第13章は，質問紙調査によって，地域差や学校規模の差を分析し，今後の調査への示唆を考察している。第14章では，学校建築を対象としたドキュメント分析によって，その具体的な方法と注意点を示した。最終の第15章では，教育調査と教育現場の関係について考えるとともに，調査を行うにあたって必要な倫理について学習する。

　読者として想定したのは，自分自身で調査を実施したい方ではあるが，自分で調査をするつもりはないが，調査というもの自体に興味がある方や，調査よりも，調査によって描かれる教育の状況について興味がある方にも十分に応えられる内容となっていると自負している。本書が，さまざまな方の学びの一助になることを願っている。

2019年10月

藤田武志

西島　央

目 次

6

1 | 教育調査の考え方

藤田　武志

《**目標・ポイント**》　学力調査，いじめ調査，学校評価など，教育に関わる調査が数多く行われるようになっている。本章では，調査に関する知識やスキルがどうして必要なのか，調査は何のために行うのか，どのような調査方法があるのかなど，教育調査に関する基礎的な考え方について概観する。
《**キーワード**》　調査リテラシー，記述的調査，説明的調査，アクションリサーチ，教育とエビデンス

---

1. 調査リテラシーの必要性

　子どもの意識や行動の調査や学力の調査，保護者の学校評価など，教育に関わって多種多様な調査が行われている。ここでは，そういった調査に関する知識やスキルを「調査リテラシー」と呼ぶが，この調査リテラシーを身につけることは，次の3つの点から重要である。

　第1に，調査を「読む」ためである。さまざまなところで目にする調査の結果の意味を理解することはもちろん，調査結果や調査方法の妥当性などについて判断するためや，もっともらしい説明にだまされないためにも，調査についてきちんと知っている必要がある。

　第2に，調査を「実施する」ためである。自分自身で調査を行うには，調査の設計の方法，実施の手続きや必要とされる配慮，分析の仕方などをはじめとするさまざまな知識やスキルが要求される。

　第3に，調査を「受け入れる」ためである。自分自身がアンケート調

査に答えるかどうかを考えるときや，子どもに対する調査を依頼された学校が調査の内容を精査して受け入れの可否を決定する際など，調査の質をきちんと見極めるには，相応のリテラシーが求められる。

　これら3つの点の重要性は近年ますます高まっている。なぜなら，方針や政策を決定する際には確かな根拠が求められるようになってきているからだ。私たちの生活や仕事に重要な影響を及ぼす決定に用いられる根拠を提供する調査が，不正な手続きに基づくものであるならば，とても困った状況がもたらされてしまうかもしれない。そのようなことを防ぐためにも，また，そのことの問題性や深刻さを正しく理解するためにも，私たち自身が調査リテラシーを身につけていなければならない。

　あるいは，調査についてよく分からないから，何となく面倒くさいからといった理由によって，重要な調査の協力者が少なくなってしまったとしたら，調査結果の信頼性が低下してしまう可能性もある。信頼性の低い調査に基づいて決定がなされるならば，その弊害は私たちに及ぶのであり，調査に関するリテラシーの欠如というツケが自分たちに返ってくることにもなりかねない。そのため，調査の重要性や必要性についてきちんと理解する必要がある。

　さらに言えば，調査に協力すれば時間も労力もとられるのであり，協力する側から見れば，調査はある種の迷惑行為だとも考えられる。正しい知識に基づかずに設計された調査に協力させられたならば，調査結果は生かされず，協力者の労力も無駄になってしまう。このようなことからも，私たちにとって調査リテラシーが重要なのである。

2. 調査の目的

　では，そもそも調査は何のために行うのだろうか。その1つは，教育

の現状を確認するためである。たとえば，子どもや教師，学校の数はそれぞれどのくらいか，それらの数はどう変化しているのか，子どもたちの学力はどんな状況か，SNS に関わる行動はどうなっているかなど，教育に関わるさまざまな現状を確認するために，調査は欠かせない。

　しかし，調査を通して私たちが行いたいのは現状の確認だけではない。たとえば，子どもや学校の数は地域によってどう異なっているのか，子どもたちの学力の状況と家庭環境はどう関係しているのか，SNSに関わる行動の違いにどのような要因が関わっているのかなど，学問的な問題関心を検証するためにも調査が威力を発揮する。たとえば，子どもの学習過程に関する心理学の理論について，調査をもとに新たな見解を導き出したり，教育達成の不平等のメカニズムに関する社会学の理論を調査によって検討したりといったことがそれにあたる。

　そして，このような確認や検証のための調査に加え，私たちの生活や社会のあり方をとらえ直し，何を守り，何を変えていくのか，変革のためにどういったプランを立てていくのかといったことなどを考える手がかりを得るためにも，調査を利用することができる。教育実践に引きつけて考えるならば，子どもたちの学力や人間関係の状況を確認し，授業のやり方をどう改善していったらいいかを考える資料にすることや，子どもの貧困に関わる調査によって，支援のあり方や制度の改善点などについて検討することなどが該当する。

3.　教育調査の類型

　前節で挙げた目的に対しては，以下の３つのいずれかの調査方法によってアプローチしていくことになる。

　１つめは，教育の現状の確認を目的とする調査であり，実態が「どう

なっているか」を調べることになる。そのような調査を記述的調査と呼ぶ。文部科学省が毎年行っている学校基本調査は，記述的調査の代表的な例の１つである。２つめは，学問的な問題を検証するような調査であり，ある実態が「なぜ」生じるのか，そこにはどのようなメカニズムがあるのかなどを究明する。そういった調査を説明的調査という。

　近年，学校現場では，子どもたちの規範に関する意識や，家庭学習などの行動，保護者の学校に対する評価などに関する質問紙調査がよく行われている。それらの多くは記述的調査であり，以前の調査結果と比較して変化をとらえたり，肯定的な回答が多い項目と低い項目を確認することで今後の課題を発見したりするといった形で用いられることが多いだろう。

　このような調査では，しばしば，勉強の楽しさに関する質問の肯定的な回答の割合が高いことや，宿題をやらないという回答の割合が低いことなど，回答の割合が一方に偏っていることが望ましいとされる。

　それに対して説明的調査では，たとえば，学校満足度の高い子どもと低い子どもがいるのはなぜなのか，ある問題について保護者の評価はどうして分かれているのかなど，むしろ回答が割れていることに着目し，それがどういった要因と関係しているかを探ることで，教育の現状がどのような仕組みによって生じているのかを検討することが多い。

　説明的調査による分析は，教育の現状の仕組みに関する理論的な考察を深めるところにとどまらない。教育の現状の仕組みを探ることは，状況を改善するためにどこにどう働きかけていったらいいかを検討することでもある。つまり，説明的調査は，社会のあり方を相対化しながら，変革の手がかりを探るという３つめの調査としても用いられるのである。

　この３つめの類型の調査には，手がかりを得るところにとどまらず，

社会的な問題を解決するために，実践と関わりながら調査研究を進める問題解決的調査（アクション・リサーチ）もある。この問題解決的調査は，調査を通して見いだした手がかりをもとに働きかけを行い，再びその状況を研究の対象としていくという循環的な経過をたどっていく。ある自治体における健康増進に向けた働きかけのような規模の大きいものから，ある教室における算数の授業改革といった小さな規模のものまで，さまざまなアクションリサーチが行われている。

4．求められる教育調査

（1）エビデンスに基づく教育

　最近では，教育調査の必要性を主張する意見が強くなっている。それらの意見では，教育をめぐるさまざまな問題が指摘されているなかで，その問題がどのようなものなのか，そして，どのように対処すべきかを考えるために，確かな根拠（エビデンス）に基づく考察が必要だと主張されている。

　エビデンスの重視は医療の分野で始まった。エビデンスに基づく医療とは，「研究でつくられた最善のエビデンスを，臨床的知識・環境と，患者の価値観を統合して，目の前の患者のためにつかう」（津谷　2012）ことである。すなわち，調査研究によって得られたエビデンスを単に使用すればいいのではなく，地域特性や病院の状況など，エビデンスを用いる場所の特性，および，治療対象となる患者の価値観や意向をも考慮したうえで意思決定していくのである。

　教育分野であれば，調査によってつくられたエビデンスを，地域や学校，教室といった場所の特性と，子どもや保護者の価値観や意向とに配慮しながら，政策形成，あるいは，学校や教室における意思決定に活用

することがそれにあたるだろう。

　このような考えから，これまで経験と勘にのみ基づいて行われていた授業や学級の運営，伝統や慣習にしばられた学校運営，規則や前例を墨守した教育政策などについて，エビデンスに根ざしたものへと改革していこうという声が高まっているのである。

（2）エビデンス批判

　しかし，エビデンスを重視せよという主張には批判もある。たとえば，エビデンスによって裏打ちされた教育方法を採用することは，教師の自由を狭め，専門性を掘り崩すことなのではないかという批判である。つまり，エビデンスに基づく定式化された成果が一方的に与えられ，教師はそれに従う存在になるのであれば，教師自らが目標を定め，子どもたちの様子を勘案しながら，目標の達成に適した手段を選定していくといった専門家としての判断がスポイルされてしまうというのである。では，この批判についてどう考えたらいいだろうか。

　この批判は，エビデンスに基づくことそのものではなく，エビデンスを利用する方法に対する批判である。すなわち，教師自身がエビデンスを生み出す主体ではなく一方的に与えられる存在となっていること，エビデンスによって定式化された教育方法を実施するだけの存在となっていることが，教師の専門性と抵触するのである。

　そうだとすれば，教師自身が主体的に調査に取り組み，自分たちにとって必要なエビデンスを見いだしていくことが求められるだろうし，調査について学ぶことの意義の１つはそこにあると言えるだろう。

　また，教師が，エビデンスに示されたものを実施するだけの存在になってしまうというイメージは，エビデンスをむしろ過大に評価してしまっているとも考えられる。ある教育方法が，どんな生徒にも100％効果

があるということはあり得ない。また，何を効果と見なすのか，効果が
あるのはどんな学校や生徒が多いのかなど，効果自体も限定つきのもの
だろうし，場合によっては副作用もあるかもしれない。教師は，エビデ
ンスのそのような性質をきちんと見極め，目の前の状況や目標に応じて
取捨選択しながら，自らの判断で実践していくのだろうし，医療におい
てもそれは同様だろう。

　エビデンスに基づく教育に関する別の批判として，想定されている因
果関係が単純に過ぎるというものもある。教育はあるやり方をすればそ
れに応じた結果が得られるというようなシンプルなものではなく，結果
自体も多義的だし，そこに至るプロセスも複雑で再帰的だからである。

　では，なぜエビデンスが単純な因果関係のものになりがちなのだろう
か。それは，一般に最良とされているエビデンスが，因果関係を確かめ
る強力なツールである「ランダム化比較試験（RCT）」と呼ばれる方法
で集められたものだからである。RCT とは，ランダムに振り分けられ
ることで等質化された大規模な2つのグループを比較する調査方法であ
る。効果を調べたい出来事を一方のグループだけに経験させ，他方のグ
ループとの比較によって，その出来事の効果を確認するのである。

　RCT は，十分な調査対象者を確保する必要があるし，きちんと比較
調査をするためには多大な労力，費用，時間などのコストがかかる。し
かし，調査の内容はかなり単純な因果モデルの検証なのである。

　RCT は有効な検証方法であるのはもちろんだが，エビデンスとして
RCT だけが認められるのであれば，複雑な教育の現実をとらえ損なう
だけでなく，働きかけと結果を単純につないでしまう誤解を広めてしま
うことにもなりかねない。そのため，多様な調査手法を用いながら，教
育の複雑な現実の姿を少しでも明らかにできるよう探究していく必要が
ある。

5. 社会調査としての教育調査

　私たちは，「ありのままの現実」のなかにどっぷりと浸りながら日常生活を過ごしている。しかし，調査が明らかにできるものは，ありのままの現実そのものではもちろんなく，その現実のほんの一端でしかない。

　調査とは，ありのままの現実をさまざまな観点から切り取る作業なのであり，その切り取られた断片から，現実の一端を再構成することによって，私たちは現実を理解しようとするのである。

　たとえば，アンケート調査に回答すると，私たちは性別や年齢，出身地や学歴などの属性，読書やSNSに費やす時間の長さやスポーツの習慣といった行動，世のなかの動向に関する意見や信条などの意識という側面から切り取られ，切り取られたそれらの断片から構成される人物として把握される。聞き取り調査や観察調査であっても同様に，調査を通して得られたさまざまな断片をもとにして，人物を理解可能なものとして構成していく。このことは，人物についてだけではなく，集団や社会の性質や状況をとらえようとするときも同様である。

　断片を集めていくとはいえ，やみくもに集めていけばいいわけではない。調査を通して私たちが知りたいことは，主に次の2つである。1つは，探究したい社会的現象のありさまであり，もう1つは，その社会的現象の仕組みや成り立ちである。それら2つの観点から組み上げていくことを念頭に置きながら，調査によって断片を蒐集していくのである。

　ここでいう社会的現象とは，人々によって社会的につくられている出来事のことである。もちろん意図的につくられていることもあるだろうが，多くの場合，人々が意識しないなかで生起している。たとえば，学力が高い子どもから高くはない子どもまで，さまざまな学力レベルに分

散していることは，もちろん生得的な能力の差に由来する部分もあるだろうが，さまざまな社会的な要因によっても生じており，その意味において社会的現象だと言える。あるいは，私たちは，成長していくにつれて性別によって意識や行動のあり方が分化していく。そのことを人々は人為的ではない，何か自然な過程のように思っているが，国や時代が違えば，それぞれの性別に求められるものも，分化していくプロセスも大きく異なっていることからも分かるように，これもまたやはり人々によってつくられている社会的現象なのである。

　調査を通して，まずは社会的現象のありさまを描き出すのであるが，上述の学力格差を例にすると，学力が人によって異なっていること（学力の分散）をどんな側面からどうとらえるのかを考える必要がある。学力をテストの点数でとらえるのか，その際には，基礎的な力を測るのか，それとも，応用的な力を測るのか。あるいは，通信簿の評定を用いるのか，学習への意欲や態度といった側面にも着目するのか。さらには，知識を活用して自ら工夫・創造する力（コンピテンシー）をとらえるのか。調査を通して何を明らかにするかという研究の目的に応じて，さまざまな角度から学力の断片をとらえ，学力格差という社会的現象のありさまを描出するのである。

　調査ではもう 1 つ，社会的現象の仕組みや成り立ちについて調べていく。再び学力格差を例にするならば，どのような要因の影響によって学力格差が生じているのかを考えることになる。たとえば，性別や学年，勉強や将来に対する意識，部活動や学習塾への参加など，本人に関わる要因が挙げられる。それ以外には，親の学歴や教育期待（どの程度の教育まで受けさせたいか），収入や職業，キョウダイ数など，家庭環境に関わる要因があるだろう。さらには，教師の教え方，学級の生徒数，学校全体の学力状況や地域特性など，学校に関わる要因も考えられる。研

究の目的に応じて着目すべき側面を定め，学力の分散という社会的現象がどのような要因がどう関わりながら生じているか，そのメカニズムをとらえていくのである。

　以上に述べてきたことは，ものごとをどうとらえるかによって，次の3つのレベルに整理することができる。1つは，「学力が子どもによって異なっている」という，経験的な事象レベルのとらえ方である。2つめは，その事象の意味に関する抽象的概念レベルのとらえ方である。たとえば，子どもの学力の異なりを，「落ちこぼし」としてとらえると，学校の授業のあり方が主題化され，「学力格差」としてとらえると，社会的不平等と学力の関係が主題化される。3つめは，事象をどのように把握するかという操作的概念レベルのとらえ方である。たとえば，学力をテストの点数でとらえるのか，あるいは，通信簿の評定でとらえるのかということである。

　以上のように，社会調査としての教育調査では，知りたい社会的現象のありさまとその仕組みや成り立ちについて，調査で得られた断片（データ）をもとにして，さまざまな諸要素間の関係として描き出していく。その作業は，私たちが経験している事象レベルだけにとどまるのでもなく，あるいは，抽象的概念のレベルだけであれこれと考えるのでもなく，事象レベル，抽象的概念レベル，操作的概念レベルという3つのレベルを行き来しながら行うのである。

6. 教育調査の留意点

　これまで，社会調査としての側面に重点をおいてきたが，教育を対象に調査をすることについてどのようなことに留意する必要があるか考えてみよう。

　子どもや保護者，教師などの学校関係者，教育委員会など教育行政の担当者，教育政策を決定する政治家，さらには，教育産業に従事する人々など，教育にはさまざまな立場の当事者が存在している。現実的には，それらの人々は，必ずしも目指すところや利害が一致しているわけではない。たとえば，仮に，学校に関わる当事者たちの間で，学力向上に向けた取り組みを推進するという大きな目標が一致したとしても，そもそも何を学力と考えるか，学力をどのようなやり方で育成するかといった点については，さまざまな意見がありうるのであり，時には対立さえ生じる可能性もある。

　このことは，第1に，調査をする自分自身がどのような立場にあるのかをきちんと自覚する必要があることを示している。私たちは社会の外に出ることは不可能なのであり，また，当事者たちそれぞれの立場から距離をとった中立的なところに立とうとしても，実際のところは難しい。そうだとすれば，まずは自分の立場に自覚的であることが重要である。たとえば，学力向上の取り組みについて，推進派なのか，慎重派なのかによって，見えるものや見ようとするものが異なるだろう。その場合，自分の立場を自覚することによって，無自覚であるときよりも，視野が広がる可能性が高い。

　第2に，調査は単に情報を蒐集するための手段なのではなく，調査をする自分自身を含め，私たちのあり方を相対化する手段でもあると認識する必要がある。そのような認識が，自分の立場への自覚にもつながっていくだろう。それは，教育に関するたくさんの「当たり前」をいったん括弧にくくってとらえ直してみることである。たとえば，教室のなかで教師が授業を行っているのは当たり前の風景であるが，学級崩壊したクラスについて考えてみると，教師が教師として振る舞えるのは，実は，児童生徒の協力があってこそであることに気づくことができる。「当た

り前」という思い込みを相対化することが，それまで見えていなかった
教育の現実に目を開かせてくれるのである。

　第3に，調査を通して，立場の違いや対立といった複雑な状況に分け
入っていく際には，これまで気づかれなかった意見，あるいは，声を上
げることもできなかった思いがあることに配慮する必要がある。たとえ
ば，学力向上の取り組みでは，家庭の協力が当たり前のように求められ
るが，金澤（2013）は，社会的な不利と貧困が重なる保護者たちには，
宿題のマルつけや間違い直しのチェックが大きな負担だという。そのた
め，保護者の協力という取り組みを推し進めることは，各家庭の間に存
在する対応の差が増幅され，子どもたちの学力格差をかえって拡大させ
てしまう危険もある。しかし，このような保護者たちの声は，非協力的
な保護者への冷たいまなざしのなかで抑圧されてしまうだろう。教育の
現実の多様性や多面性に目を向けるためには，このような声なき声にも
耳を傾けていく必要がある。

　このように，教育について問うことは，社会のあり方について問うこ
とでもあるし，私たちが進むべき方向について考えることでもある。こ
のような認識をもって，教育調査に取り組んでもらいたい。

参考文献

秋田喜代美他，2005，『教育研究のメソドロジー　学校参加型マインドへのいざない』東京大学出版会。

藤田武志，2017，「学校教育における実践知の危機　―子どもたちの最善の利益に向けて―」『学校教育研究』第32号。

ガート・ビースタ，2016，『よい教育とは何か　倫理・政治・民主主義』白澤社。

伊藤公一朗，2017，『データ分析の力　因果関係に迫る思考法』光文社。

日本教育学会，2015，『教育学研究〈特集：教育研究にとってのエビデンス〉』第82巻第2号。

金澤ますみ，2013，「子どもの貧困と学校・ソーシャルワーク」貧困研究会編『貧困研究』vol.11。

盛山和夫，2004，『社会調査法入門』有斐閣。

津谷喜一郎，2012，「日本のエビデンスに基づく医療（EBM）の動きからのレッスン」国立教育政策研究所編『教育研究とエビデンス』明石書店。

学習課題

1．調査リテラシーが不十分であると，どのような問題が生じるか，具体的に考えてみよう。

2．自分で設定した1つの社会的現象について，事象レベル，抽象的概念レベル，操作的概念レベルという3つのレベルで考えてみよう。

3．自分の身の回りの当たり前を相対化し，これまで見えていなかった現実の姿を探してみよう。

2 │ 調査の種類と実例

藤田　武志

《**目標・ポイント**》　調査にはどのようなものがあるのか。本章では，よく用いられる統計的調査と事例調査それぞれの考え方や守備範囲などについて整理する。そのうえで，特徴的な調査の事例を検討することによって，これらの調査について理解を深める。
《**キーワード**》　統計的調査，事例調査，手続きによる客観化，描写による客観化

1．調査の種類

　調査にはさまざまな方法があるが，よく用いられる方法は，統計的調査と事例調査の2つに大別できる。
　これらの調査の特徴を表2-1に整理した。まず，統計的調査は多くの場合，質問紙（アンケート）のような定型的な手段を用い，ランダムサンプリングなどによって偏りがないように選び出された多数の対象者

表2-1　2つの調査の特徴

	統計的調査（量的調査）	事例調査（質的調査）
対象	多数，ランダムサンプリング	少数
手段	定型的 アンケート調査や実験など	非定型的 観察調査や聞き取り調査など
データ	数値	文字や音声，画像など

に調査を行い，質問紙に記入されたマルなどの記号や記述を数値に変換して，統計学に基づいた手法によって分析を行うものである。この統計的調査は，数値のデータを用いることから，しばしば量的調査とも呼ばれる。

　次に，事例調査の多くは，聞き取り調査（インタビュー）や観察調査のような非定型的な手段を用い，比較的少数の対象者に調査を行って，文字や音声，画像などのデータが，現実のなかでどのような意味をもっているのかを解釈するものである。事例調査では，数値ではない質的なデータを用いることから，しばしば質的調査とも呼ばれる。

　では，これら2つの調査は，それぞれどのような考え方に立脚しているのだろうか。

2．2つの調査が立脚している考え方

（1）統計的調査

　まず，統計的調査は，集合的に現れる社会の姿をとらえることを目的としている。つまり，たくさんの人々を集めて調べることで，少数の対象だけを見ていては分からないことを探究するのである。

　統計的調査を理解するためには，写真をイメージしてみると分かりやすい。写真は，大きく拡大すると，細かいドットの集合で図柄が描かれていることが分かる。この場合，ドットの1つ1つではなく，ドットが集合して描かれた図柄のほうが重要である。それと同じように，統計的調査では，調査対象の一人ひとりではなく，対象者が集合することで見えてくる社会の姿が知りたいのである。

　たとえば，中学生の部活動と勉強との両立について考えてみよう。個々の生徒を見ると，まったく問題なく両立している子もいるし，かろ

うじて両立している子や，まったく両立できていない子など，いろいろいるのが実際である。しかし，部活動に力を入れることは勉強を阻害するのかどうかや，部活動と勉強を両立している生徒とそうではない生徒の違いには何が影響しているのかといった問題について，全体的に調べてみることによって，個々の生徒を見ていたときには分からない何らかの傾向が見えてくる。

　教育社会学の講義のなかで，たとえば，親の学歴が子どもの学業成績に影響しているといった知見を紹介すると，「自分の親の学歴は高卒だけど，私は成績が比較的よかったし，だから大学に進学して今ここにいるのだから，先生の言うことは間違っていると思う」といったリアクションをする学生に出会うことがある。そのような素朴な実感を抱く気持ちはよく分かる。しかし，調査対象者個々の姿と，対象者が多く集合することで現れてくる社会の姿はしばしば異なるのであり，私たちが個人として見ている水準と，統計的調査が見ようとしている水準が異なることを理解する必要がある。

（2）事例調査

　一方，一人や少数のケースを対象にした事例調査は，そのケースのなかに潜む社会の姿を明らかにすることを目的としている。つまり，私たちは必ずしも気がついていないものの，個人や少数の人々のなかに，社会の刻印が色濃く残されているのであり，事例調査はそれを明らかにしようとするのである。

　私たちは日常生活のなかで，自分の属する社会に共通の見方・考え方や行動の仕方を身につけていく。それゆえ，一人や少数の事例の観察からも，当該社会に特徴的な見方や行動の様式やレパートリーを探ることができるのだ。

　たとえば，小学生のときに5カ国の小学校を体験したナージャは，それぞれの国では，小学校の教室の座席の配置と行動様式が異なっていたことを報告している（ナージャ　2015）。ロシアでは，男女ペアで長めの机に座り，先生に聞かれたら挙手して答える。正解のときの優越感を求めて個人同士が戦うようなものだったという。

　ナージャは次にイギリス・ケンブリッジにある小学校に転校した。そこには，食卓のような大きなテーブルがいくつか並んでおり，1つのテーブルに5～6人が座っている。そこでは，テーブルごとに与えられた問題に取り組んで答えを発表していく。ロシアのような個人戦ではないことが新鮮だったそうである。

　フランス・パリの小学校に転校すると，机が円を描くように並んでおり，先生は円のなかに入って，必要に応じて子どものところにいく。ここでは，教師ではなく子どもが中心であり，先生の問いかけに対して，意見を述べないと教室にいる意味がなくなるという思いで，子どもたちは激しく議論する。それを通してお互いを知り，自分を知る。正解がないこともたくさんあることが分かったことが新鮮だったという。

　次に転校した東京の小学校では，1人の机を2つくっつけた，ロシアに似たスタイルだった。しかし，個人の優劣を競うのではなく，みんなで考えたり，みんなで選んだりすることが重視されており，みんなで決めることによって，みんなのやる気を高めていることがおもしろかったそうである。

　さらに，アメリカ・ウィスコンシン州の小学校に転校すると，円になって座るやり方に加え，教室の真ん中にしかれた絨 毯の上に，ソファがいくつか置いてある。また，ちょっと離れたところには大きめのテーブルが1つある。ここでは，目的に応じてそのつど座り方が変わり，それは学びのスタンスが変わることでもあったという。

　これらの経験からナージャは，真剣に聞いてほしいのか，発言してほしいのか，みんなで意見をまとめてほしいのかなど，教師たちが教室で子どもたちに何を求めているのかということが，座り方に反映していると指摘している。

　このナージャの指摘から分かるように，１つの学校の教室の観察からも，その社会が学校をどのような場所だと考えているのか，子どもたちをどのように育てたいのか，その一端をうかがい知ることができる。もちろん事例調査では，調査を通して見いだされた意識や行動が，全体の何割に共有されているか，といった集合的な問いに答えることはできない。しかし，そもそもどのような見方や行動の仕方があるのか，ある行動や考え方はどういった状況と関わりながら生じているのかといった問いに答えるためには，事例調査は有効な手法である。

3．２つの調査の守備範囲

　上記のような考え方の相違に加え，調査の種類によって，明らかにできるものが異なる点にも留意が必要である。つまり，それぞれの調査は「守備範囲」が異なるのである。

　たとえば，質問紙調査は，「意識しているもの」しか明らかにできない。無意識のうちにしている行為や，差別のように，していないと思いながらも実際にはしてしまっている行為などは調査できない。このような場合は，観察調査が力を発揮するだろう。

　あるいは，対象を多く集めるのが難しいものは，質問紙調査による調査になじまない。たとえば，卒業論文の研究対象として不登校を調べたいという学生がたまにいるが，2017年度における不登校児童生徒の割合は，小学校が0.54%，中学校で3.25%であることからも分かるように

（文部科学省　2018），1 つ 1 つの学校にいる不登校児童生徒の数は必ずしも多くはない。そのため現実的には，多くの不登校児童生徒を対象にした質問紙調査を行って，全体の傾向を調べることはまずできない。そのため，不登校を経験している，あるいは，不登校を経験した人への聞き取り調査が有効な手段となるだろう。

　また，質問紙調査で人々の相互作用の様子を調べるのは難しい。そもそも質問紙調査は個人が単位のものであるし，基本的に調査をした一時点の状況をとらえるものだからである。クラスのなかでの友だち関係がどうなっており，それがどんな要因でどう変化していくのかといったことを調べるには，質問紙調査よりも，長期的な観察調査が適しているだろう。

　さらに，質問紙調査は前もってある程度分かっていることでないと調査ができない。分かっていないことは，そもそも質問紙に載せられないからである。たとえば，子どもや若者の文化について質問紙調査をしようとするならば，そういった文化について詳しくないと適切な質問紙を作ることができない。あるいは，子どもたちの学力格差にどういった要因が影響を及ぼしているかを調べるためには，予想される要因を探る設問をあらかじめ考えて，調査票に載せておかなければならない。つまり，質問紙調査は，未知のものを探るには適していないのであり，そのような場合，まずは聞き取り調査や観察調査によって探っていくことが有効だろう。

4．調査の客観性

　調査で得たデータは考察を進めていく手がかりの 1 つとなる。考察や主張の説得力を高めるためにも，調査データには高い客観性が求められ

る。興味深いことに，これまで紹介してきた2つの調査は，それぞれ客
観性をどう考えるのか，客観性をどう担保するのかという点について
も，それぞれスタンスが異なっている。

　まず，統計的調査から考えてみよう。すでに説明したように，統計的
調査は，ランダムサンプリングなどの手段を用い，調査対象が偏らない
ようにしている。また，調査者によって得られるデータが変わってしま
わないように，どの対象者にも同一の質問紙を配るなど，定型的な手段
を用いている。つまり，ある特定の調査者以外の者が行っても，ほぼ同
じような結果が得られるようなやり方で調査を行おうとしているのであ
る。これは，データを得るまでの手続きを工夫することによって，客観
性を担保することとして考えられる（手続きによる客観化）。

　一方，事例調査はどうだろうか。統計的調査のように，調査の手続き
によって客観性を担保することはできない。実際，調査対象は少数であ
って，偏りを排除することは難しい。また，データを得るための観察や
聞き取りといった手段は，見たり聞いたりするポイントが調査者によっ
て異なるのが通例であり，定型化することは困難である。そのため，事
例調査では，別のやり方で客観性を担保するのである。

　私たちは，自分以外の人が見たり聞いたりしたことを実際に聞いた
り，文章で読んだりしたとき，その情景がありありと目の前に浮かんで
くるような気持ちになることがある。それは，どのような人物が，どの
ような状況のなかで，どのような様子で何を語っているのかについて，
細かいところまできちんと描きこまれているからである。それと同様
に，事例調査では，調査者以外の人々も，調査者が見聞きしたことを追
体験できるように，状況や人物，行為などを詳細に描き出すことによっ
て，客観性を担保しようとしているのである。そのような描き方はしば
しば，クリフォード・ギアーツにならって「厚い記述」と言われるが，

それをここでは「描写による客観化」と呼ぶことにしよう。

　しかし，そのようなやり方で本当に客観性を確保したと言えるのか，やや疑念の残る向きもあるだろう。そこで，この「描写による客観化」という考え方について，私たちの生活のなかで非常に高度な客観性が求められる「裁判」をイメージしながら考えてみよう。たとえば，刑事事件であれば，指紋や遺留品の調査，目撃者の捜索や聞き込み，本人のアリバイや供述など，さまざまな証拠を集め，事件現場で何が起きたのかを裁判員や裁判官が理解できるように描き出していく。そして，検察側の描き出す「現実」と，弁護側の描き出す「現実」は異なっており，どちらの客観性が高いかによって，裁判の勝敗が分かれることになる。つまり，裁判が基づいているのは，偏りのない多数の人々に定型的な質問紙調査を行うという「手続きによる客観化」を通して全体の傾向を探るという考え方ではなく，「描写による客観化」によって，当事者以外も当事者と同じように状況を理解できるようにするという考え方なのである。

　このように，統計的調査と事例調査は，それぞれ「手続きによる客観化」と「描写による客観化」という異なったやり方で客観性を担保している。ここで留意しなければならないのは，統計的調査に基づく研究について，それぞれのケースの事情が詳細に描かれていないなどと「描写による客観化」に立脚した批判を行ったり，逆に，事例調査に基づく研究に対して，「手続きによる客観化」がなされていないのでダメだと批判したりすることは，そもそも客観性に関する考え方が異なっているのだから，生産的な批判ではないということである。統計的研究と事例研究の論評を行う際には，それぞれの客観性に関する考え方に則った内在的なものとなっているかどうかに気をつけなければならない。

5. 調査研究の実例

　統計的調査と事例調査の具体例を通して，調査についてさらに理解を深めていくことにしたい。

（1）統計的調査

　質問紙調査を自分で実施し分析するだけではなく，すでに実施された調査を用いて考察することもある。ここではそのような例を紹介しよう。

　教育に関わる大規模な統計的調査としては，文部科学省による学校基本調査や全国学力・学習状況調査，あるいは，内閣府の行っている青少年に関するさまざまな調査などがある。このような公的統計の結果を用いて分析することで，自分で調査を行わずとも，さまざまなことを探究することができる。たとえば，藤田（2003）は，戦後の日本社会において受験競争が激化したと私たちが認識するのはなぜかについて検討し，学校基本調査をはじめとする公的統計をもとに，高校卒業者数，大学や専修学校への入学者数，大学・短大等への志願率や不合格率などの数値の変化をたどりながら，私たちの認識を形作ったと考えられる制度的・社会的状況を描き出している。それと同時に，私たちの認識からこぼれ落ちているものも検討することによって，受験をめぐる私たちの「当たり前」の問題性を明らかにしている。

　既存の統計調査の結果を用いる場合，利用できるのは公的統計だけではない。その他にも，さまざまな機関が質問紙調査を行っており，それらの結果が『教育アンケート調査年鑑』（創育社）や，『アンケート調査年鑑』（並木書房）などにまとめられて出版されている。あるいは，日本青少年研究所（http://www1.odn.ne.jp/youth-study/）の実施してい

る多様な調査や，ベネッセ教育総合研究所（https://berd.benesse.jp/）が行っている各種の調査なども利用可能である。また，これらの調査は，結果を利用する際だけではなく，自分で調査を実施する際の先行研究としても参照する必要があるだろう。

　大規模な統計的調査の利用は，上記のように，公表されている数値を利用するというやり方にとどまらない。すでに実施済みの調査のデータセットを借り受け，独自に2次分析を行うというやり方もある。たとえば，須藤（2010）は，高校生が学習の効果を高めるために自分なりに用いている方法（学習方略）が，その高校生の家庭環境（階層）とどう関係しているのかについて，経済協力開発機構（OECD）が行った「生徒の学習到達度調査（PISA）」のデータセットの2次分析によって考察している。その結果，学習方略の種類によって階層との関係が異なっていることを見いだしており，学力向上のためには，学習時間の確保にとどまるのではなく，学習方略の確立を支援する必要もあることなどを主張している。

　このような既存の調査の2次分析については，「東京大学社会科学研究所附属社会調査・データアーカイブ研究センター（https://csrda.iss.u-tokyo.ac.jp/）」に，さまざまな調査のデータセットが保管されているので，そちらのサイトを見てみることをお勧めする。

　以上は，すでに実施された調査を利用した例であるが，自分で実施する調査であっても，通常とは少し異なるやり方を用いるものがある。一般的な質問紙調査は，調査実施時の状況をとらえるものであるが，同一の対象者に一定の期間をおいて繰り返し質問紙調査を行うことで，状況の変化をとらえようとするものもあり，そのような調査をパネル調査と呼ぶ。同一の人々を追跡しながら貴重なデータを得ることができるが，通常の調査よりも負担が大きいので協力を得るのが難しいこと，調査に

コストがかかること，転居や拒絶などによって対象者が回数を重ねるごとに少なくなってしまうことなどのデメリットもある。

　パネル調査の例として，20歳の日本の若者を2008年から5年間に渡って追いかけた調査がある。その調査において藤田（2014）は，大学における就職活動の時から，卒業後3年目までの状況を分析している。得られた主な知見は，就職活動の首尾が卒業後の就業状況に少なからぬ影響を与えていることや，卒業後の就業状況において女性が不利な状況に置かれていることである。具体的には，内定を早めに得られなかった者たちは卒業後に非正規雇用となっている割合が高いこと，非正規雇用から正規雇用へ変わるのは困難であり，その傾向は特に女性において強いことなどである。パネル調査は，同一人物を対象にすることによって，変化の様相がより確実にとらえられる手法である。

（2）事例調査

　事例調査にはさまざまな手法が用いられるが，特徴的な例をいくつか紹介しよう。

　まず，観察調査は通常，ノートなどに記録をとることが多いが，ビデオなどで録画したものを分析することも少なくない。そのような手法を用いた研究の例として，女性差別の構造が日常的にどう維持されているのか，大学生に自由に会話をしてもらったところをビデオに撮影し，その映像を分析した研究がある（江原他　1984）。そこでは，男子学生は女子学生の話が終わらないうちに割り込みをしがちである一方，女性は相手の性別にかかわらず，割り込みはあまりしないという，権力の非対称性の存在を明らかにしている。つまり，私たちは日常の何気ない行為を通して，差別構造を維持・再生産しているのであり，その方法の1つが発言への割り込みなのである。

　また，人間同士の相互関係を観察するのではなく，場と人間との関係を考察したものもある（脊戸　2009）。不登校の子どもたちが通う適応指導教室をフィールドにした研究である。その適応指導教室には，相談員が常駐している相談室，卓球台やテレビゲーム機などがあるプレールーム，読書用の書籍やホワイトボード，仕切りで区切られた小さなスペースなどがある集団学習室の３つがあり，それらの部屋が生徒にどう利用されているかを長期的に調べたところ，学校にはない特徴が見いだされた。すなわち，自分のやりたいことができる別々の部屋があること，誰にも邪魔されずに安心できる空間があること，過ごす部屋を自分で決められることである。そのような特徴は，生徒たちが暮らす自宅も備えていることが多いだろう。そこから逆に気づかされることは，学校は，そのような特徴を備えていない特殊な場所だということである。不登校の子どもたちは，常に人から見られていて，広くて，逃げる場所もなく，そこに居続けることを強制される「教室」という空間の息苦しさを敏感に感じ取っているのかもしれない。

参考文献

江原由美子・好井裕明・山崎敬一，1984,「性差別のエスノメソドロジー」『現代社会学』18号。

藤田武志，2003,「戦後日本の受験社会の変遷に関する社会学的考察」『上越教育大学研究紀要』第22巻第2号。

藤田武志，2014,「大学から職業への移行」『「若者の教育とキャリア形成に関する調査」最終調査結果報告書』（研究代表者　乾彰夫）。

クリフォード・ギアーツ，1987,『文化の解釈学Ⅰ・Ⅱ』岩波書店。

キリーロバ・ナージャ，2015,「5カ国の小学校の座席システム。実は，全部違った。」電通総研「アクティブラーニングこんなのどうだろう研究所」（https://dentsu-ho.com/articles/3465，2019年2月19日閲覧）。

文部科学省，2018,「平成29年度児童生徒の問題行動・不登校等生徒指導上の諸課題に関する調査結果について」。

脊戸義明，2009,「適応指導教室の通級生に対する支援の構造　―X教室のフィールドワークを通して―」上越教育大学大学院修士論文。

須藤康介，2010,「学習方略がPISA型学力に与える影響―階層による方略の違いに着目して―」『教育社会学研究』第86集。

学習課題

1. 1つのトピックを題材に，統計的調査と事例調査ではそれぞれどう問いを立てるか，その違いを考えてみよう。
2. 統計的調査と事例調査とを統合していく「混合研究法」について調べてみよう。
3. 関心のある分野に関する既存の調査を集め，これまでに明らかになっていることを整理してみよう。

3 | 統計的調査の進め方

西島　央

《目標＆ポイント》　学校などの教育機関，教員，児童・生徒を対象にしたアンケート（質問紙）による統計的調査の進め方とその留意点を理解する。
《キーワード》　質問紙，回答形式，ワーディング，有意抽出法・無作為抽出法，自記式調査・他記式調査，エディティング，コーディング

1．アンケート（質問紙）を用いた統計的調査の意義

　「教育の現状を確認したい。」「教育に関わって何か問題に直面したり，周囲や社会から問題を指摘されたりしたので，その問題状況を確認したい，原因を探って解決につなげたい。」そのようなときに，学校などの教育機関，教員，児童・生徒を対象にして，現状を確認したり問題に対する取り組み方や考え方を尋ねたりするアンケート調査が行われることがある。ただ，調査結果が回答の実数値かせいぜい％を示すか，事例や自由記述の回答を列挙するなどの実態把握にとどまっていることが多い。もちろん，実態を把握することは調査の第一歩であり，とても重要である。

　けれども，実態把握をしただけでは原因を探ることはできないし，特徴すらつかめない場合もある。実態把握にとどまらず，現状の特徴を明らかにしたり問題の原因を探ったりするには，適切な調査対象を設定して回答＝データを“蒐集”して，得られたデータを適切な基準で“分類”して，分類軸に従って調査対象間のデータを“比較”する「蒐集・

分類・比較」という３つの手順を踏むことが大切である。とくに，調査対象を複数の機関や人々からなる群として捉えて，その全体や群のなかでの多様な状況に関心がある場合，アンケートを用いた統計的調査によって，現状の特徴や問題の原因に迫るのが相応しい。

では，どのように統計的調査を進めていけばよいのだろうか。以下では，統計的調査の１つの方法として，アンケート調査（以下，質問紙調査）の手順を概観する。

2. 質問紙調査全体の流れ

教育の現状の特徴を明らかにしたり問題の原因を探ったりする際には，図３-１に示すように，適切な手順を踏んで進めていく必要がある。

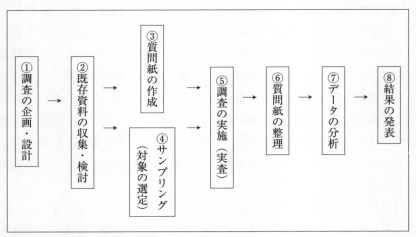

図３-１　質問紙調査の流れ

①調査の企画・設計

質問紙調査によってよりよいデータを得てよりよい分析・考察をする

ためには，はじめに調査テーマを明確に設定して，それに適した調査の
設計をしておく必要がある。詳しくは3節で扱う。

②既存資料の収集・検討

　調査設計が決まったら，調査テーマに関わる既存資料や先行研究を収
集する。調査テーマに関して既にわかっていることを確認して，それに
依拠したり批判したりするかたちで調査内容を絞り込み，より具体的に
していく。また，調査公害が問題になっていることから，同じことを何
度も調査することを避けるためにも既存資料の確認は大切である。

③質問紙の作成

　調査の成否は，質問紙が調査テーマにそって適切に作られているかど
うかにかかっている。調査テーマに直接関わる項目だけでなく，調査対
象の特徴を捉えたり周辺的な状況を確認したりするための項目を含める
一方で，質問の量や順番などに配慮したり回答形式をわかりやすくした
りして，回答者が答えやすいように作成することが求められる。詳しく
は4節で扱う。

④サンプリング（対象の選定）

　質問紙の作成と並行して，設計した調査地域と調査規模に合わせて，
実査を行う調査対象を選定する。母集団が大きい場合は無作為抽出法で
選定するのが望ましいものの，教育調査は全数調査か関係者の仲介によ
る有意抽出法で選定することが多い。詳しくは5節で扱う。

⑤調査の実施（実査）

　質問紙が完成して調査対象が決まったら，いよいよ調査を実施する。
これを実査ともいう。実査に際しては，回答者にどうやって質問紙を配
布するのか，誰がどうやって回答を記入するのか，どうやって回収する
のかという，調査の依頼や実査の方法を決める必要がある。詳しくは6
節で扱う。

⑥**質問紙の整理**

調査で得られた回答は，コンピュータに入力して，分析できるかたちにする。その際に，質問紙を点検したり自由回答を数値に置き換えたりする作業をする。詳しくは7節で扱う。

⑦**データの分析**

コンピュータに入力したデータを SPSS や R 等の統計ソフトや Excel などを使って分析して，教育の現状の特徴を明らかにしたり問題の原因を探ったりする。データの集計のしかたや基本的な分析手法については，第5章と第6章で扱う。

⑧**結果の発表**

データの分析結果は，既存資料や先行研究との関連をふまえた解釈を加えて，はじめに調査を企画した段階での問題意識や目的に立ち戻ってそれに応えた報告書としてまとめて，結果を公表することが基本である。

研究者なら学会発表や論文・報告書等の執筆と出版，教育委員会なら会議資料や報告書や自治体のウェブサイトでの公表，教員なら校内の教員間での共有や学校のウェブサイトでの公表，児童・生徒なら児童会や生徒会の総会や広報紙での公表などが考えられる。また，必要に応じて，調査対象の仲介者や調査対象者に結果を報告することも求められよう。

3. 調査の企画・設計のポイント

教育調査は，教育の現状を確認したいとか教育に関わる問題の原因を探りたいといった問題意識や目的がはじめにあって行われるものである。だから，質問紙調査を行うためには，問題意識や目的をしっかりもち，この調査ではこれを明らかにしたい，探りたいという調査テーマを

明確に設定する必要がある。

　なぜなら，教育の現状を確認するといっても，たとえば，各学校の実際の授業時数を確認したいのか，「主体的・対話的で深い学び」の視点に立った授業改善に向けて現時点での教員と児童・生徒の授業実践の様子を確認したいのかとか，問題の原因を探るといっても，たとえば，教員の多忙状況の原因を幅広く探りたいのか，児童・生徒の学力差の原因として学校外での体験活動の差の影響について探りたいのかとか，大まかなテーマなりより具体的なリサーチ・クエスチョンなりが定まっていなければ，調査内容はもちろん誰に調査をすればよいかも決められないからだ。

　調査テーマが定まったら，明らかにしたり探ったりしたいことに合わせて，次の6点で調査の設計をしていく。

ⅰ．調査対象者：対象とする機関や個人の属性や条件について検討する。たとえば，小学校なのか中学校なのか，教員なのか児童・生徒なのか，教員でも管理職なのか教諭なのか，どの学年の児童・生徒なのかなどである。

ⅱ．調査地域：対象とする地域の特徴について検討する。たとえば，都道府県や市区町村を単位とするのか，人口規模や産業構造を考慮するのかなどである。

ⅲ．調査規模：調査対象とする機関数や人数について検討する。予算と実査や集計処理にかかる労力と予想される回収率などもふまえながら，どのくらいの規模の調査にするかを決める。

ⅳ．調査方法：調査依頼の方法や実査のしかたについて検討する。調査対象者・調査地域・調査規模と質問紙の回答形式なども考慮して，より質の高いデータが得られるとともに回答者にもより負担の少ない方法を選んでいく。

ⅴ．調査期間：実査の期間だけでなく，企画・設計から結果の公表まで
の期間を検討する。実査は，調査方法によっても異なるが２〜３週間か
ら１〜２ヶ月を見込んだほうがよい。調査全体では，小規模の調査でも
３ヶ月，一般的には半年から１年くらいはかかるものである。

ⅵ．予算：調査費用を積算する。調査の規模や調査方法，実査やデータ
入力を業者に委託するかどうかなどによってもずいぶん違ってくるが，
質問紙調査にはかなりのお金がかかる。主な費目としては，質問紙等の
印刷費（またはインターネット調査のウェブページ制作費），通信費，
交通費，（発送作業や面接等の）人件費，データ入力費，報告書の作成
費などが挙げられる。

4．質問紙の作成

　確認したい現状や探りたい原因があるとして，それを知りたいように
尋ねれば，知りたいことがわかるというものではない。統計的調査での
分析・考察に相応しい質問紙の作り方がある。

（1）統計的調査に適した質問紙の原則と得られるデータの条件

　統計的調査のために作成する質問紙は，質問をして得られた結果を数
量的なデータとして集計して，分析できるものでなくてはならない。そ
こで，質問紙には次の５点の原則がある。

　　①定型的であること
　　②個々の質問内容が単純であること
　　③統一されたテーマのなかに個々の質問が正しく位置づいているこ
　　　と
　　④標準化され一般化された平易な内容であること

⑤数量化に矛盾や無理のない内容であること

　この原則を守れば何を尋ねてもよいわけではなく，とくに個人を対象とする調査の場合，データとしての妥当性や社会的な常識と倫理観に基づいて，得られるデータには次の5つの条件がある。

　　①対象者個人の属性・特性，行動（行動経験），意識に関する事柄
　　②対象者が記憶していたり自覚していたりする事柄
　　③調査者や社会に知られたくない気持ちが強くない事柄，または質
　　　問することが社会的に禁じられていない事柄
　　④ある程度一般性のある事柄
　　⑤1つの概念にいくつもの社会事象が対応するような事柄

（2）質問紙の構成

　質問紙は，調査テーマや調査対象によって形態や細部の構成はさまざまだが，基本的には「前文を含む表紙」「質問本体」「フェイスシート」の3つの部分から構成されている。

　「前文を含む表紙」は，調査タイトル，調査主体，調査時期を明記するとともに，「調査協力のお願い」のようなあいさつ文（依頼文）を載せる。あいさつ文は回答者がはじめに読む部分であり，ここで調査に対する理解を得て，調査者と回答者の信頼関係を築く必要がある。

　「質問本体」は，質問文と回答文（選択肢）で構成される。回答者が回答しやすいように，質問の順番，質問文の言葉遣い，進み方の指示，回答方法などの工夫をする。また，回答時間があまり長くならないように全体量を調整することも大切である。30分を超えるような量では，回答が雑になったり回収率が低くなったりする恐れがある。学校を通しての児童・生徒対象の調査では，授業時間や終礼の時間などを充てていただくことが多いので，10〜15分程度に収まる量が望ましいだろう。

　「フェイスシート」は，回答者の基本的な属性に関する項目を指す。確認したい現状や探りたい原因を適切に分析・考察するためには，どのような特徴をもった調査対象者が回答したのかを押さえておく必要がある。一般的には，回答者の性別，年齢，学歴，職業，家族構成，居住形態，出身地等の項目からなる。教員対象の調査では，教職経験年数，現勤務校での勤務年数，担任学年，担当教科，校務分掌等を，児童・生徒対象の調査では，年齢の代わりに学年を，学校調査では，設置者，所在地，教職員数，児童・生徒数等を尋ねておくとよいだろう。一方で，フェイスシートはプライバシーに関わる内容なので，調査テーマに必要な項目に絞って尋ねるように留意することも求められる。

（3）質問文・回答文の形式

　統計的調査では，調査によって得られた回答を数量的なデータとして集計して，分析・考察できるようにする必要がある。先行研究でわかっていることやわかっていないこと，想定している分析・考察のしかたなどを考慮して，質問文・回答文の形式を決める。

　質問のしかたには次の2タイプがある。

　　①プリ・コード型：番号や記号のついた選択肢を事前に設定して質問をして，回答者にあてはまる番号や記号を選んでもらう。

　　②自由記述型：選択肢などは用意せずに質問をして，回答者に文や数字などで自由に回答してもらう。

　回答形式には次の4タイプがある。

　　①単一選択：複数の選択肢のなかから1つを選んで回答する。

　　　　　　　　長所—分析上扱いやすい。答えやすい。

　　　　　　　　短所—情報が少ない。程度がわからない。

　　②多肢選択：複数の選択肢のなかから複数を選んで回答する。

長所―個々の選択肢の情報が得られる。

短所―分析上扱いにくい。

③評定尺度：４点尺度や５点尺度などのスケールからあてはまる程
　　　　　　度を回答する。

　　　　　　長所―程度がわかる。切り捨てる情報がない。

　　　　　　短所―むりやり答えさせることになる。

④自由回答：文や数字などで自由に回答する。

　　　　　　長所―本音が聞ける。想定していない回答を得られ
　　　　　　る。

　　　　　　短所―多用できない。集計が大変である。

（4）質問文の作り方（ワーディング）

　各調査項目を質問文とその回答文（選択肢）のかたちにしていくこと
をワーディングという。その作業で最も大切なことは，回答者の誰が読
んでも同じような内容で理解して，同じような基準で回答してくれる質
問文と回答文に仕上げることである。一般的な注意としては，用語法を
統一すること，主語・目的語を省略しないこと，難しい漢語や外来語を
使わないこと，平易な表現を用いることなどがある。具体的な言葉遣い
にあたっては，以下の10点に注意を払う必要がある。

　①指示しているものが曖昧な表現や評価基準，または難解な表現を
　　伴う質問を避ける。

　②インパーソナルな質問とパーソナルな質問をはっきり区別する。

　③ステレオタイプ化した言葉や表現を避ける。

　④ダブルバーレル質問を避ける。ダブルバーレル質問とは，１つの
　　質問のなかに複数の回答対象があって，どちらについて回答すれ
　　ばよいか決められないものをいう。

⑤誘導質問を避ける。これには，評価を左右する質問の配置（キャリーオーバー効果）と，評価を左右する情報が併記されている質問（威光暗示効果）の2種類がある。

⑥1質問につき1次元を測定する。回答のしかたが単一選択や多肢選択の場合，用意する選択肢が，その問題設定の回答として考えられるすべての可能性を含んでいなければいけない（包括性）と同時に，相互に重なりがないようにしなければならない（排他性）。

⑦簡潔な論理構成の質問文にする。長い文章，二重否定を用いた文章，重文，複文などは適さない。

⑧イエス・テンデンシー（質問内容の如何にかかわらず，肯定的な回答をする傾向）に気をつけた尋ね方をする。

⑨数の尋ね方に配慮する。回答形式をどうするかという問題と数字の区切り方をどうするかという問題がある。区切り方で注意すべき点は，幅の設定のしかたと「以上・以下，未満・超」などの扱いである。

⑩専門家――一般人のギャップ，関心のギャップに配慮する。

5. サンプリング（対象の選定）

　統計的調査は，調査対象の全数を調査する全数調査（悉皆調査）と，調査対象から一部を取り出して調査し，全体を推定しようとする標本調査に分かれる。全数調査の例としては国勢調査が挙げられるが，世論調査の多くは標本調査である。調査対象の全体＝母集団を想定して，そこから調査対象者を選び出すことをサンプリングという。サンプリングには，有意抽出法と無作為抽出法がある。

　有意抽出法とは，母集団をよりよく代表する調査対象者を，調査者が意図的に選び出す方法のことである。特定地域や特定集団などの調査対象の特性の典型的な範囲を選び出す「典型法」と，調査項目と関係が深いと思われる基本的属性によって母集団を分けてそれぞれの集団ごとに大きさに応じて対象者を選び出す「割り当て法」がある。

　無作為抽出法とは，母集団のなかの全ての各要素（個人，世帯，機関等）が等しい確率でサンプルになるように抽出する方法のことである。設定したサンプル数の回数だけ「サイコロを振る」「くじを引く」「乱数表を用いる」などして，調査対象に属する全ての各要素が完全に等しい確率で抽出される可能性をもつ「単純無作為抽出法」，1番目のサンプルのみ上記の方法で選んで，2番目以降のサンプルは一定の間隔で抽出する「系統抽出法」，たとえば，広範囲のなかからまず市区町村を，次に丁目や字などを無作為に抽出して，最後にそこに住む住民を抽出する手続きを取る「多段抽出法」，たとえば，市区町村や性別や年齢などで母集団をいくつかの層に分けて，それぞれの層に標本数を割り当ててから各要素を抽出する「層化抽出法」などがある。大規模な世論調査では，これらを組み合わせて「層化多段系統抽出」によってサンプルが抽出されることが多い。

　教育調査では，教育委員会等が行う行政調査では全数調査もみられるが，状況を確認したり原因を探ったりする目的にそぐう対象を限定したり，関係者に適切な調査対象者を仲介してもらったりする典型法でサンプルを抽出していることが多いようだ。

6. 調査の実施方法

　質問紙が完成して，サンプリングで調査対象者も決まったら，いよい

よ実査である。実査のしかたは，調査テーマ，調査対象の特徴と規模や範囲，実査や集計にかけられる人数，調査期間，予算などに応じて，以下に挙げるような方法のなかからより適切なものを選ぶことになる。質問紙調査の実施方法は，回答者自らが回答を記入する「自記式（自計式）調査」と，調査員が回答を聞き取って記入する「他記式（他計式）調査」の2タイプに大きく分かれる。

　自記式調査には，質問紙を配布して一定期間内に回答してもらい回収する「留め置き法」，質問紙の配布と回収を郵便で行う「郵送法」，回答者を一堂に集めてその場で質問紙の配布・回答・回収を行う「集合法」などがある。他記式調査には，回答者に面接して聞き取る「面接法」，電話で聞き取る「電話法」などがある。国勢調査は「留め置き法」で，新聞社やテレビ局の世論調査でよくみられるのが「電話法」である。また，最近ではインターネット調査も普及してきている。メールで質問紙を送ったりウェブサイト上に質問紙を載せたりして，調査対象者に回答してもらう方法である。

　教育調査では，学校や教員を対象にする場合には郵送調査が主流だが，教育委員会が管轄する学校や教員を調査するのならインターネット調査も簡便で有効だろう。児童・生徒を対象にする場合には，学校を通して行うことがふつうなので，質問紙を郵送または直接持って行って留め置かせてもらって，授業中か終礼のときなどに「教室内での集合自記式調査」をしてもらうか，持ち帰って家で回答して翌日提出する「持ち帰り調査」にしてもらうかが一般的だろう。

7.　質問紙の整理のしかた

　実査が終わって質問紙を回収したら，図3-2のような流れにそっ

て，質問紙を整理して，コンピュータにデータ入力をして，集計処理そしてデータの分析へと進んでいく。

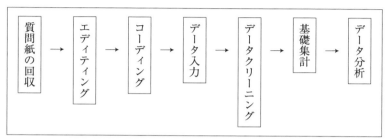

図3-2　質問紙の整理の流れ

　質問紙調査では必ずと言っていいほど，記入ミスや判読の難しい回答や回答方法の間違いなどがある。そこで回収した質問紙を1票ずつ点検して整理する作業が必要となる。この作業をエディティングという。主な作業としては，①ほとんど回答していなかったり回答がいい加減だったりするような無効票を取り除く，②記入ミスや判読の難しい回答や疑わしい回答の確認と訂正・無回答処理をする，③論理的に矛盾のある回答の確認と訂正・無回答処理をする，④スクリーニング質問等での振り分けにより回答しない質問で回答が空欄になっているところに非該当処理をする，などである。

　次に，自由回答等で得られた非数量データを数値化したり，連続数をカテゴリーにまとめたりする，コーディングという作業を行う。たとえば，性別であれば，事前に「1．男性」「2．女性」などと便宜的に数値化しておくことができる。これをプリ・コーディングという。しかし，相当数の学校の教員や児童・生徒を対象に，たとえば，その学校でどんな学校行事が行われているかを尋ねる場合に，学校によって名称が違うことがあるために，自由回答してもらってから類似の学校行事に同

じ数値を振ることがある。これをアフター・コーディングという。

　統計的な分析をする予定の全ての回答を数値化できたら、コンピュータに回答を入力する。データが入力されたら、回答が正しく入力されているか、もとの回答で論理的な矛盾がなかったかを確認するデータクリーニングを行う。データが正しく入力されたら、単純集計や基本的な属性・特性別の集計をして、構成比を算出し、調査対象者の特徴を把握するとともに、これからどのような分析を行うか、目処を立てる。

　ここまでの過程を経て、ようやく調査データの分析・考察に取りかかることができる。

引用・参考文献

安藤明之，2013，『初めてでもできる社会調査・アンケート調査とデータ解析』　第2版　日本評論社。
飯田泰之，2007，『考える技術としての統計学』　日本放送協会。
盛山和夫，2004，『社会調査法入門』　有斐閣ブックス。
日本社会調査協会編，2014，『社会調査事典』　丸善出版。
ハンス・ザイゼル訳書，2005，『数字で語る』　新曜社。

学習課題

　教育について確認したい現状や探りたい問題の原因など、調査テーマを1つ設定して、その調査テーマで質問紙調査をするとしたら、①どういう調査対象に、②どういう質問紙（質問文と回答文）で、調査を実施するか、調査の企画・設計と質問紙の作成をしてみよう。

4 事例調査の進め方

藤田　武志

《目標・ポイント》　事例調査の代表的な方法である観察調査と聞き取り調査について理解する。事例調査がどのような流れで実施されるのか，観察調査と聞き取り調査を具体的にどう進めるのかについて考える。
《キーワード》　全体的観察，問題関心の焦点化，フィールドノーツ，フォーマルインタビュー，半構造的インタビュー

1. 事例調査の流れ

　事例調査にはさまざまなものがあるが，本章では代表的なものとして，観察調査，聞き取り調査の2つを取り上げる。

　ここで扱う観察調査は，調査対象とする場や人々の自然な状況について，その場に身を置きながら観察するものである。また，聞き取り調査は，調査対象者に聞き取り調査の依頼をして，改まった席でインタビューを行うものを想定している。

　調査を始めるにあたって問題意識を持っている必要があるのはどんな調査でも共通である。また，その問題意識を深めたり広げたりするために，関わりのありそうな論文などを読む必要があるのも同じである。

　第3章で学んだように，質問紙を用いる統計的調査の場合，調査を実施する前の段階において，漠然とした問題意識を明確な調査テーマに練り上げ，調査の詳細を決定し，具体的な調査項目を決定する。それに対し，事例調査は，調査のなかで具体的な調査テーマや項目を練り上げて

いくところに特徴がある。

　その点について，聞き取り調査を例に具体的に見てみることにしよう。ボランティアをするなかで自分自身が成長した実感をもったことから，ボランティアにおける学びを卒業論文のテーマにした学生がいた。自分も参加しているボランティアグループの学生たちに聞き取り調査を行うことにしたが，関連しそうな文献は読んだものの，ボランティアを通して学生は何をどのように学ぶのかについて分かってからインタビューができたわけではない。それよりもむしろ，ボランティアを始めてから現在までの経緯について何人もの学生たちに話を聞くなかで，ボランティアにおける学びを理解することは，どんな問いを解いていくことなのか，その問いを解くためには何に着目したらいいか，着目したものをどう分析するかといったことが明確になっていったのである。

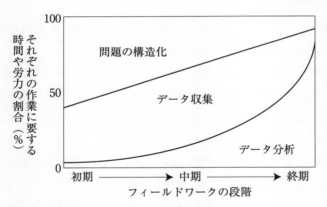

図4-1　事例調査の流れ（佐藤　2002）

　このように事例調査では，第3章でみた統計的調査のように調査の流れが段階別に分かれているというよりも，**図4-1**（佐藤　2002）に示したように，調査によるデータの蒐集は，問題の構造化や仮説の構成，

およびデータ分析といった作業と同時に始まり，それら複数の局面が並行して行われていくのである。

　それでは以下，事例調査に用いられる方法について，それぞれ見ていくことにしよう。

2. 観察調査

（1）観察調査における二重の役割

　観察調査における調査者は，その場を構成するメンバーである「参与者」と，その場を外から観察する「観察者」という2つの役割を行き来する（箕浦　1999）。

　たとえば，子どもたちのキャンプのボランティアスタッフとして仕事をしながら，初対面の子どもたち同士が仲良くなっていくプロセスを観察する場合は，参与者の役割に比重が置かれた調査者になるだろう。そのような観察を「参与観察」とも呼ぶ。

　一方，ワンウェイミラーの向こう側にいるような，対象にまったく影響をおよぼさない観察者ではないが，たとえば，体育館の後ろの方でバレーボール部の生徒たちを遠巻きにしながら，顧問教師と生徒との関係を探究するようなケースは，観察者の役割に徹した調査者である。

　観察調査では，調査者は，上記の2つの役割を両極としたどこかに位置づくことになる。しかし，必ずしも常に役割が固定しているわけではなく，場合によって変化することは十分に考えられる。たとえば，教室の後ろで観察者に徹しようとしても，子どもから質問されたり，教師から子どもの支援を頼まれたりなど，その場の状況によっては参与せざるを得ないこともあるだろう。

　いずれにしろ，研究の目的や性格，観察しているフィールドの状況に

応じて適切な役割をそのつど果たせばいいだろう。しかし，気をつけておくべきことは，調査者としての役割を忘れないことである。たとえば，中学生の様子を知りたいのに，少しでも先生寄りの役割をとってしまうと，場合によっては生徒たちからよそよそしくされて，普段の様子がうかがえなくなるかもしれない。あるいは，対象者に近づきすぎる（オーバーラポール）と，第三者的な視点から観察することが難しくなるかもしれない。

（2）観察調査をどう進めるか

　観察調査を始めるときには，同時に2つのことに取り組むことになる。第1に，観察調査の現場がどのような場所なのか全体的に観察し，網羅的な記録をとることである。それは，調査者自身がその場所の特徴について理解するためであるとともに，第2章で「描写による客観化」として説明したように，調査者以外の人々も現場の状況を追体験できるように描き出すためでもある。

　しかし，ある場所について，その場所を知らない人にもよく分かるように描写することはかなり難しい。実際のところ，描写以前に，観察して記録をとること自体が困難である。それはどういうことだろうか。

　調査について学ぶ大学の授業において，ある情景を写したビデオ映像を学生に見せた。映像を消した後，その情景に関して，この部分はどうなっていたかなどと尋ねてみた。尋ねることは学生に前もって告げてあり，メモをとるよう推奨したにもかかわらず，学生自身が驚くくらい，かなりの割合で答えられないのが実態である。

　それは，さまざまな情報が視野に入ってはいるものの，実際は，動きのある部分や気になった部分など，私たちは非常に限られた部分だけを見ているからである。逆に言えば，ごく当たり前の風景や，目立つもの

の背景にあるものなどは見ていないのである。しかし，その見ていないものが，その場を知らない人に説明するときに必要になる重要な情報であるだろうし，その場の人々の行為や意識を規定している要因であるかもしれない。

　そこで，状況を全体的に観察し，記録するためには，次の2点に留意するといいだろう。1つは，状況を構成する3つのポイントを押さえることである。すなわち，状況を舞台のように見立てるならば，①大道具（舞台装置），②登場人物と小道具，③登場人物同士の相互行為という3つに着目することである。それらに留意しながら観察し，記録をとっていくことで漏れが少なくなる。

　もう1つは，全体と部分の関係を意識しながら観察，記録することである。たとえば，ある人物を観察する場合，その人物だけに注目するのではなく，その人物が状況全体のどこに位置しているか，他の人物との関係はどうなっているかなどを意識することである。あるいは，その人物の全体的な動きだけに注目するのではなく，手の動きや足の組み方という細部にも意識を向けるといったことである。

　全体的な観察と平行して観察初期に取り組むべき第2の作業は，現場で起きているのはどのような社会的現象か，問題関心をどう焦点化していくかを考えることである。それは，たとえば次のような具合に調査の問いを明確にしていくことである。

　子どもの自主性がすばらしく発揮されている教室を観察したある学生は，その自主性がどう育まれているのかを知ろうと考えた。その教室の観察を本格的に実施したものの，教室のなかではさまざまな出来事が生じており，何に着目したらいいのか，観察当初はなかなか分からなかった。しばらく全体的な観察を続けていくなかで，教師の働きかけ方が子どもによって異なるという「社会的現象」が生じていることに気づく。

そこで，その社会的現象がどのようなものであり，どんな仕組みで生じているのか，そしてそれが子どもたちの自主性の育成とどう関係しているのかといった問いを立て，その問いを探究するために，どの児童にどう声をかけているかに着目して記録をとっていくことにしたのである。

（3）フィールドノーツ（観察記録）の書き方

　観察をしたときには，必ず記録をとらなければならない。では，どのように記録をとったらいいのだろうか。

　観察調査でとる記録をフィールドノーツと呼ぶ。フィールドノーツには大別すると2種類ある。1つは，観察している場で備忘録的につける現場メモであり，もう1つは，現場メモをもとに清書したものである。

　現場メモは，刻一刻と事態が変化していくなかで書くものであるため，すべてを書き取ることはできないし，場合によっては，文ですらなく単語のみだったり，自分なりに工夫した略語や記号だったりすることもあるだろう。人やモノの配置を示す図が書かれることもあるだろうし，動きを示す矢印が記入されているかもしれない。現場メモには，清書をする際に記憶を呼び覚ます鍵になるものが記録されるのである。

　学校などの場で，近くにいる人が常にノートに何かメモをしていると，見られている側にとって煩わしいものである。そのため，手のひらに入るような小さなサイズのノートをポケットなどに忍ばせておき，必要に応じてササッとメモをとるようにしておくといいだろう。また，時間軸に沿って書いていくようにすれば，清書の際にも思い出しやすくなる。

　また，現場メモをとってから時間が経つと，記憶が薄れていくばかりか，自分で書いたメモの内容さえ分からなくなってくる。そのため，現場メモをできるだけ早く，できれば観察をした当日の夜に清書すること

が肝心である。

　フィールドノーツの書き方の例として，『方法としてのフィールドノート』という本に，現場メモとそのメモをもとに清書した完成版のフィールドノーツが掲載されている（エマーソン他　1998）。その一部を**図4-2**に示した（一部を改変している）。この例からは，現場メモは必ずしも網羅的に書いているわけではないことが分かる。そして，完成版のフィールドノーツには，現場メモには書かれていないことも含め，現場メモによって呼び覚まされた記憶をもとにした状況の詳細が描き込まれている。

現場メモ
［訴訟事件番号］
スノウ，マルシア
トマス　　　　　　　　　　　弁［護士］―――ＡＩＤＳ　マイク
　　　　　　　　　　　　　　　　　　　　　　　マーフィ
　　　　　　　　　　　　　　　　　　　　法律上の後見人

―――――――――
本被告人に対して訴訟の
準備あり―――（両者）
かなりの量の化学（療法薬）
彼がここに来られるとはまったく
　　　　　　　　思えません

完成版のフィールドノーツ
　マルシア＝スノウは，長い，カールのかかった黒褐色の髪の二十代の女性で，青のブラウスとスラックスという普段着だった。彼女の指には結婚指輪はなかったが，眼鏡をかけた若く見える男がそばにいる。ロバート＝トマスは四十代で，明るい茶色の髪，ゴワゴワしたヒゲで，赤と黒のチェックの裏地の上着。
　判事は，ＲＴ［ロバート＝トマス］に弁［護士］はついているのか尋ねる。ついています。でも，来ていません。トマスは，共同経営者のマイク＝マーフィもＴＲＯ［一時差止命令］に名前が載っているが今日この場には来ていないと説明する。彼はエイズにかかっていて重症。「私は，彼の法律上の後見人であります」，だから彼の利害を代弁できます。裁［判官］はＭＳ［マルシア＝スノウ］に「本被告人に対して訴訟の用意がありますか？」と聞く。ＭＳは，差止命令は2人の療法を対象にして欲しいと思っていると言う。ＲＴは，それにたいしてＭＭ［マイク＝マーフィ］はエイズにかかって三年も経っており，「かなりの量の化学療法薬を服用」しており，「彼がここに来られるとは全く思えません。」

図4-2　フィールドノーツの例（エマーソン他　1998）

　また，清書版のフィールドノーツは，思い出された事項が箇条書きで書かれているのではなく，小説のような文章として書かれているところに特徴がある。箇条書きにすると，もとの場面に関する記憶が薄れていくにつれて，箇条書きの項目と項目の間が抜け落ちて，全体的なつながりが分からなくなる。その結果，それぞれの項目はどのような経緯で書き留められたのか，それぞれの項目はその場面でどのような意味を持っていたのかも分からなくなってしまう。それを防ぐためにも，一連のつながりが分かるよう物語的に書くことを推奨する。

3. 聞き取り調査

（1） 聞き取り調査の類型

　聞き取り調査は，その形態と内容からいくつかに類型化される。まず，形態としては2つに大別される。1つは，聞き取り調査として改まって行うフォーマルインタビューであり，もう1つは，観察調査のなかで行われる立ち話のような形態のインフォーマルインタビューである。

　次に，内容的には3つにわけることができる。第1に，質問の内容をすべて決めておき，どの対象者にもすべて同じように聞いていくやり方である。そのような方法を構造的インタビュー（structured interview）という。このようなインタビューは，複数の調査員が多数の対象者に同じ質問をし，データを統計的に処理するようなケースが該当する。

　第2に，構造的インタビューの対極に，質問の内容は特に決めておらず，その場の状況に応じて質問するような非構造的インタビュー（non-structured interview）がある。これには，上記のインフォーマルインタビューなどが当てはまるだろう。

　第3に，聞き取り調査で多く行われるのは，上記の2つの極の間に位

置する半構造的インタビュー（semi-structured interview）である。基本的な質問は前もって用意しておくが，必要に応じて別の質問を追加したり，調査対象者の回答した内容を掘り下げる質問をしたりするものである。インタビューの依頼をする際，調査対象者はどのようなことを聞かれるのか気になるものであるし，回答に向けた準備をすることもできるため，大まかな質問内容は事前に伝えておくことが望ましい。

　とはいえ，第1節で説明したように，事例調査は調査のなかで具体的な調査テーマや項目を練り上げていくところに特徴があるため，実際の質問内容は聞き取りをしている最中に臨機応変に発展していく。また，インタビューの機会も，1回に限定せずに複数回実施する余地を残しておけるといいだろう。

　なお，これまで説明してきた聞き取り調査の形態と内容は，表4-1に示したような関係にある。

表4-1　聞き取り調査の類型

形態	内容
フォーマルインタビュー	構造的インタビュー 半構造的インタビュー
インフォーマルインタビュー	非構造的インタビュー

（2）聞き取り調査の準備

　フォーマルインタビューの場合，大切なのは事前の準備である。準備として行う必要があるのは，第1に下調べであり，第2に，調査内容の検討である。以下では，半構造的インタビューを題材に考えていく。

　まず，インタビューの時間は限られているため，調査対象者に聞かなくても，調べれば分かることは事前に調べておく。そのような内容まで

調査対象者に尋ねると，準備もないままインタビューをしているのではないかと，調査者側の力量や力の入れ具合に疑問を抱かせてしまうことにもなりかねない。こちらの知識をひけらかすのは逆効果だろうが，調査対象者の状況等についてきちんと理解しているインタビューアーであれば，安心して答えることができるだろう。そのうえで，なお分からないことについて教えを請うというスタンスで臨むのである。

次に，どのようなことについてインタビューするのか，大まかなところを決めておく必要があるが，質問内容を考える際には，いくつか留意すべき事がある。

第1に，仮説を立てながら質問内容を考えることである。仮説は1つではなく，いくつも考えておくといいだろう。しかし，聞き取り調査の目的は，前もって考えた仮説を確かめることというよりも，これらの仮説を手がかりにして，より確からしい仮説をインタビューのなかで探っていくことである。

第2に，観察調査における全体的観察のように，調査対象者の背景情報までも含めて，幅広く聞いておくことである。インタビューを始める際には，差し支えのない範囲で，調査対象者自身についていろいろと尋ねるところから始めるといいだろう。また，個々のトピックに関する質問においても，たとえば，学校での経験について聞くときには，聞きたい項目だけに絞るのではなく，そもそもどんな学校だったのか，学級はどんな様子だったか，先生はどんな人だったのかなど，さまざまな周辺の情報も聞き取っておく。そのような工夫によって，インタビューの回答が「厚い記述」となるだろうし，予想していなかった要因が関わっていることが分かるかもしれない。

第3に，調査対象者は質問された内容についてすべて分かっていたり，意識していたりするわけではないという点である。たとえば，塾と

学校の違いについて探りたいとしよう。この場合，「塾と学校はどう違うと思いますか」と聞けばいいだろうか。しかし，この質問に対する回答から分かるのは，調査対象者がこの時点で思いついた違いである。実際はこの回答以外にもいろいろな違いを意識しているかもしれないし，意識していなくても違いを感じ取っているかもしれない。

　そのようなことまで探るためには，塾での過ごし方や，塾の講師への意識や接し方，塾の勉強に対する取り組みなどを尋ねる一方で，学校についても同じようなことを聞く方法もあるだろう。この場合，それらの回答から，塾と学校の違いについて調査対象者がどう思っていると言えそうか，調査者側が考えるのである。

　第 4 に，事実確認の質問は別として，通常の質問では，回答が単語となったり，イエスかノーとなったりしないように心がける必要がある。質問者が多くを語るのではなく，調査対象者の話を引き出すオープンエンドな質問にしなければならない。また，聞きたいトピックについて聞いた際に，抽象的な回答が返ってくることが少なくないので，具体的なエピソードを語ってもらう形で尋ねるといいだろう。その際には，調査対象者の意識の側面だけではなく，行動や経験についても具体的な情景を思い浮かべながら答えてもらえるような質問を準備したい。

（3）聞き取り調査の実施

　聞き取り調査を実施する際には，調査対象者とのラポール（良好な関係，信頼関係）が成り立つように努める必要がある。そのためにはたとえば，相手の話をきちんと理解していること，その話は自分にとって興味深く価値があることが伝わるように，調査協力者の言葉を繰り返したり，相づちをうったり，深くうなずいたりするといいだろう。

　また，調査対象者が回答しやすい配慮が必要である。たとえば，思い

出しやすいように質問は時系列で聞いていく，話題があちこちに飛ばないように質問の配列に気をつけるといったことである。あるいは，抽象的な言葉や学術用語などは用いずに，端的に分かりやすい質問を心がけることも必要である。

　聞き取りの内容は，正確な記録を残すためにも IC レコーダーなどを用いて録音したい。その際には，動作不良や電池切れなどの危険があるので，できれば複数台用意することが望ましい。もちろんインタビューを始める前に，録音の許可を取ることや，録音されたくない内容については，そのつど知らせてもらってレコーダーを止める，あるいは，後に内容を削除するといった処理を行うことなどを告げることが必要である。また，録音してあるからといってメモも何もとらないでおくのではなく，重要だと思われる部分をメモしたり，それに付随して考えたことを書いたり，思いついた質問内容を書いたりするといいだろう。

　録音した内容は，できるだけ早めに文字化しておく。たまってしまうとますます文字化する気が失せていくものである。全文を逐語的に文字化する方法もあるし，内容にはあまり抵触しない範囲で言いよどみや繰り返しなどを削除する方法もある。エスノメソドロジーのように，内容だけではなく話し方などにも着目する場合には，それに応じた特別な書き起こし方もある。

　いずれにしろ，文字化することで，分析のアイディアが生まれたり，さらに聞きたい内容が思い浮かんだりするし，問題の構造化を進めていくこともできる。

参考文献

ロバート・エマーソン他，1998，『方法としてのフィールドノート　現地取材から物語作成まで』（佐藤郁哉他訳）新曜社。
箕浦康子編，1999，『フィールドワークの技法と実際　マイクロ・エスノグラフィー入門』ミネルヴァ書房。
佐藤郁哉，1992，『フィールドワーク　書を持って街へ出よう』新曜社。
佐藤郁哉，2002，『フィールドワークの技法　―問いを育てる，仮説をきたえる』新曜社。

学習課題

1．ある場所の全体的観察を行って，その場所に関するフィールドノーツを書き，その場所を知らない人に読んでもらおう。
2．電車のなかではどのような社会的現象が起きているか，いくつか考えてみよう。
3．塾に行く理由について，直接的に「なぜ塾に行くのか」と尋ねないで探るとすればどのように聞いたらいいか，質問案を考えてみよう。

5 | 統計的調査の分析方法（1）

西島 央

《**目標＆ポイント**》 統計的調査のデータ分析の方法について，1変数の集計方法と1変数を分析するための統計量について，種類と使い方とその留意点を理解する。

《**キーワード**》 変数，値，変数の尺度（名義尺度，順序尺度，間隔尺度，比率尺度），質的データ・量的データ，度数，度数分布，相対度数（％），集計表（単純集計表，基礎クロス集計表），代表値（平均値，中央値，最頻値，最大値，最小値），散布度（範囲，分散，標準偏差）

----

1. 集計と統計量の意義と留意点

　しばしばみられるアンケートによる教育調査では，個人や機関の情報と回答にだけ注目して，誰（どの機関）がどのような回答をしたかをまとめるか，回答の実数値やせいぜい％を示すなどの実態把握にとどまっていることが多い。実態を"ありのままに把握したい"という思いなのかもしれないが，データを羅列しただけでは，確認したい教育の現状は見えてこないし，問題の原因を探ることはできない。これでは把握したかったはずのものがよくわからないまま，調査の労力も，得られたデータも無駄になってしまいかねない。

　このような実態把握の調査が行われてしまうのは，"ありのままに把握したい"という思いよりも，実はむしろ適切な分析方法を知らないから，つまり，調査リテラシーを十分習得できていないからではないかと

思われる。逆にいえば，どのような分析方法があるのかを知っていて何を表すことができるのか（できないのか）がわかっていれば，つまり，調査リテラシーを習得していれば，それをふまえて教育の現状を確認したり問題の原因を探ったりするのに相応しい質問紙調査を設計できるということである。

　分析の基本となるのは，データを集計することと統計量で表すことである。データを集計し，統計量で表すことによって，「誰（どの機関）がどのような回答をしたか」という実態把握を超えて，調査対象の特徴を把握することができるようになる。

　ただし，データを集計して統計量を示すことだけが調査の目的ではない。近年では，統計ソフトを使って簡単に集計したり統計量を出したり，さらに複雑な分析をしたりすることができるので，その分析結果に満足してしまいがちだが，集計や統計量等の分析結果はあくまでデータの記述であって，それを調査者自らが解釈し考察することこそが調査の本来の目的である。そのためには，調査の企画・設計段階で既存資料や先行研究をよく検討して，確認したいことや探りたいことを明確にしておくことが必要である。

2.　模擬データの紹介とデータの基本概念・用語の説明

　そこで本章と次章では，統計的調査の分析方法を紹介していく。たとえば，教育委員会が管轄の学校や教員を対象に行政調査を行う場合や，教員が児童・生徒を対象に指導に資する目的で調査を行う場合，教育関係団体が関連教育機関に実態調査を行う場合，大学生が演習や卒業論文で小規模な学術調査を行う場合などに，前節で批判した実態把握にとどまることなく，確認したい現状や探りたい原因に手が届く最も基本的な

分析方法を，実際に統計的調査のデータを用いながら紹介する。

　表5−1は，「教育調査の基礎」の架空の受講生アンケートで，表5−2は，同講座の架空の受講生70人を対象にした調査の回答をまとめた模擬データである。質問項目は，受講生の性別，年齢，高校1〜2年生の頃に数学が得意だったかどうかという意識（数学得意度），校内での数学の成績（数学成績）という事実の4つである。この4つの質問の調査結果のデータを使いながら，本章では，基本的な集計のしかたと基礎的な統計量を紹介していく。

表5−1　「教育調査の基礎」受講生アンケート（架空）

> Q1　あなたの性別をお答えください。
> 　1．女　　2．男
>
> Q2　あなたの年齢をお答えください。
> 　　　　　　　　　　　歳
>
> Q3　あなたは，高校1〜2年生の頃，数学が得意でしたか，苦手でしたか。
> 　1．とても得意だった
> 　2．やや得意だった
> 　3．やや苦手だった
> 　4．とても苦手だった
>
> Q4　あなたが高校1〜2年生の頃の数学の成績は，校内でどのくらいでしたか。
> 　下のほう　　　　　　　　中くらい　　　　　　　上のほう
> 　　1 ------------ 2 ------------ 3 ------------ 4 ------------ 5

　質問紙調査の回答を統計的に処理できるデータにするには，得られた結果を「変数」と「値」という概念で捉えていくことになる。変数と値というと，中学校や高校の数学で学んだ方程式や座標の直線や放物線を思い出すが，社会科学一般では，あらゆる社会事象を変数として捉えて

いる。受講生アンケートでは，「性別」，「年齢」，「数学得意度」，「数学成績」が変数にあたり，性別には「女」と「男」という値が用意されている。

表5-2　「教育調査の基礎」受講生アンケートの回答（模擬データ）

ID	性別	年齢	数学得意度	数学成績	ID	性別	年齢	数学得意度	数学成績
1	女	28	やや得意	中と上の間	36	女	75	とても苦手	中と下の間
2	男	41	やや得意	中くらい	37	女	54	とても苦手	下のほう
3	男	58	やや得意	中と上の間	38	男	41	とても苦手	中と下の間
4	女	54	やや苦手	中くらい	39	女	37	とても苦手	中くらい
5	女	28	やや苦手	中と下の間	40	女	63	とても苦手	中くらい
6	女	60	やや苦手	中くらい	41	男	26	とても得意	上のほう
7	男	29	やや得意	中と下の間	42	女	43	とても苦手	下のほう
8	男	35	とても得意	上のほう	43	男	69	とても苦手	中と下の間
9	男	68	とても苦手	下のほう	44	男	52	とても得意	上のほう
10	男	41	やや苦手	中と上の間	45	男	73	やや苦手	中と下の間
11	男	27	とても苦手	中くらい	46	男	48	やや得意	中くらい
12	男	64	やや得意	上のほう	47	女	27	やや苦手	中と下の間
13	男	52	とても苦手	中くらい	48	女	50	とても得意	中と上の間
14	女	41	とても苦手	中と上の間	49	女	56	とても得意	中と上の間
15	女	38	やや苦手	中くらい	50	女	45	やや得意	上のほう
16	男	59	とても苦手	中くらい	51	女	41	やや得意	中と上の間
17	女	62	やや得意	中と上の間	52	女	74	やや得意	上のほう
18	女	26	やや苦手	中くらい	53	男	66	やや得意	中と上の間
19	女	53	やや苦手	中と下の間	54	女	36	とても得意	中と下の間
20	女	49	やや苦手	中くらい	55	女	51	やや得意	上のほう
21	男	72	やや得意	中と上の間	56	女	46	やや得意	中と上の間
22	男	61	やや苦手	中くらい	57	女	53	やや苦手	中くらい
23	男	54	とても苦手	下のほう	58	女	64	やや得意	上のほう
24	女	63	とても苦手	中と下の間	59	女	53	やや得意	中と上の間
25	男	29	とても得意	中と上の間	60	男	31	とても苦手	中と下の間
26	女	40	やや苦手	中くらい	61	女	41	とても得意	上のほう
27	女	74	やや苦手	中くらい	62	女	57	とても苦手	下のほう
28	女	48	やや苦手	中と上の間	63	女	34	やや得意	中と上の間
29	男	59	とても苦手	中と下の間	64	女	43	やや苦手	中と上の間
30	男	61	やや苦手	下のほう	65	女	61	とても苦手	中と下の間
31	女	26	やや苦手	中くらい	66	女	25	とても苦手	中と下の間
32	女	55	とても苦手	中くらい	67	男	70	やや得意	中と下の間
33	女	56	やや苦手	中くらい	68	男	53	とても苦手	中と下の間
34	男	39	とても苦手	下のほう	69	男	65	やや得意	中くらい
35	男	44	とても苦手	中と下の間	70	男	67	やや苦手	下のほう

ところで，受講生アンケートでは，「女」に「1」という数値を，「男」に「2」という数値を振ってあるが，この「2」は「1」の倍の大きさ（長さ）であるというような数学的な含意をもっていない。このように，変数は測定している事象の性質の違いによって次の4種類の尺度に分類される。それぞれの尺度の特徴に応じて集計のしかたや用いられる統計量が異なるので，きちんと使いこなせるようにする必要がある。

表5-3　変数の4種類の尺度

ⅰ．名義尺度：カテゴリーが論理的に包括的でかつ相互排他的であるだけの尺度。便宜的に数値で表している。Ex. 性別，職業。 ⅱ．順序尺度：名義尺度の特徴＋カテゴリー間に順序がある尺度。順番を数値で表している。Ex. 徒競走の順位。 ⅲ．間隔尺度：順序尺度の特徴＋カテゴリー間の間隔が等しい尺度。間隔を数値で表している。Ex. 社会意識の程度。 ⅳ．比率（比例）尺度：間隔尺度の特徴＋固有の原点（0）をもつ尺度。比例関係を数値で表している。Ex. 年齢，蔵書数。

以上の4つの尺度に分類される変数は，集計したり統計量を算出したりするにあたって，質的データと量的データに分けられる。質的データは，厳密には名義尺度の変数のように数学的含意をもたないデータを指す。それに対して量的データは，厳密には比率尺度の変数のように，整数または連続量の具体的な数値からなるデータを指す。

教育調査を含めて多くの社会調査では，プリ・コーディングしてある選択肢から該当する番号を選ぶ回答のしかたが多い。受講生アンケートの数学得意度も，意識のもちようは本来受講生によってさまざまであるはずだが，あらかじめ4段階に分けられていて，回答者はそのなかからより近いものを選ぶことになる。このような変数は数学的な含意がやや

失われているが，量的データと見なすこともあるし，質的データのような分析をすることもある。とくに，教員や児童・生徒対象に行動や意識を尋ねるような内容が一般的な教育調査では，自由回答で得られる値の幅の広い量的データよりも，学校教育に関わる行動や意識についてプリ・コーディングしてある選択肢から単一選択で回答してもらい，質的データと見なしながら分析することが多いと思われる。

3.　度数分布と集計表

　分析にあたって最初に取り組むことは，どのような回答（値）がどのくらい（ケース数）あるかを数えることである。それぞれの値を取っているケース数のことを度数という。**表5-2**から性別を尋ねた質問の回答を数えてみると，「女」の度数は38ケースで「男」の度数は32ケースである。**表5-2**のままでは何も見えてこないが，度数を数えるだけでも「受講生は女性が少し多い」などと調査結果の特徴が見えてくる。各値の度数の分布を度数分布といい，**図5-1**のようにヒストグラムや帯グラフにして度数分布を視覚的に示すと，特徴がよりわかりやすい。

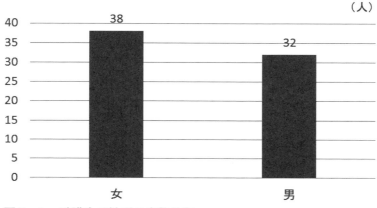

図5-1　受講生の性別の度数分布

　ただ，全ての質問項目を図にしているとかさばるので，実際には，度数を数えて得られた各質問項目の集計結果は集計表にまとめる。1つ1つの質問項目（変数）ごとの調査結果についてまとめた表をとくに単純集計表または度数分布表という。数学得意度の単純集計表が**表5-4**である。値が2つしかなかった性別と違って4つもあると，度数だけでは特徴をつかみきれないので，相対度数（％）や，それを1つずつ順に合計していった累積相対度数を合わせて示すことが一般的である。％が示されたことで，「とても得意」は8ケースだが，それが受講生全体では11.4％を占めることがわかるし，累積相対度数から「とても得意」と「やや得意」を合わせて38.5％と，数学が得意だった受講生は半数未満にとどまることもわかる。

表5-4　「数学得意度」の集計表

	度数（人）	相対度数（％）	累積相対度数（％）
とても得意	8	11.4	11.4
やや得意	19	27.1	38.5
やや苦手	20	28.6	67.1
とても苦手	23	32.9	100.0
合計	70	100.0	

　分析をさらに進めるためには，単純集計表だけでなく，基本属性ごとに分類して集計表（基礎クロス集計表）をまとめておくとよい。学校等の機関を対象にした大規模な教育調査の場合，都道府県別，都道府県庁所在地・その他の市部・郡部に分けた自治体規模別などが考えられるし，教員対象の調査なら，性別や年齢階層別，児童・生徒対象の調査なら，性別や学年別などである。

　ところで，表5-4では値が4つだったので，％を見れば特徴をつか
めたが，値がもっとたくさんある場合や，連続量からなる量的データの
場合はどのように集計表をまとめればよいだろうか。実は，データはで
きるだけ要約して示せるほうがよいので，値をまとめて見やすくするの
が望ましい。一方でまとめ方次第では重要な情報が失われてしまうこと
もありうる。表5-5は，数学得意度の値について，「とても得意」と
「やや得意」を「得意」に，「やや苦手」と「とても苦手」を「苦手」に
まとめた単純集計表である。このほうがすっきりしているようにも見え
るし，「とても得意」が最も少なく「とても苦手」が最も多いという大
切な情報が失われてしまったようでもある。

表5-5　「数学得意度」の集計表（要約）

	度数（人）	相対度数（%）
得意	27	38.6
苦手	43	61.4
合計	70	100.0

　また，年齢のような連続量であれば，「20〜29歳」「30〜39歳」のよう
に，適切な一定の幅で区切った階級にまとめる。一般的には等間隔が望
ましいが，年収のように，取られる値の範囲が非常に広くて，ある値以
上や以下のケース数が極端に少ないことがわかっているときなどには，
階級幅を変えることもある。
　このように集計表を作ることで，調査項目の各値の度数や％がわかる
ことはもちろん，事前に取り得る値が決まっていない自由回答の変数が
取っている値の種類や範囲も一目でわかるようになる。

4. 代表値

　調査で得られたデータは，集計表によってその特徴をつかむことができるが，たとえば，基本属性で分類した基礎クロス集計表を見ながら，どちらの集団のほうがどういう特徴があると言いたいときに，一言で特徴を言い表すことが難しい。また，連続量のデータであれば，階級にまとめることによって一部の情報が失われてしまっている。そこで，調査対象となる集団の分布の特徴を一言で言い表せるような数値的な指標＝統計量を用いると，複数の集団間の特徴を比べたり，連続量の情報をそれほど失わずに特徴を表したりすることがしやすくなる。

　基本的な統計量としては，データの分布の特徴を１つの統計量で代表させる代表値と，データの分布の散らばり具合を表す散布度がある。本節で主な代表値として平均値，中央値，最頻値，最小値，最大値を，次節で主な散布度として範囲，分散，標準偏差を紹介する。

ⅰ．平均値

　ある調査項目の回答が量的データで得られたときに，最も基本的に使われるのが平均値である。各ケースの取った値の総和を総ケース数で割ることで求められる。受講生アンケートの年齢の平均は49.8（歳）である。

ⅱ．中央値

　ある調査項目に回答した全てのケースを最も小さな値から最も大きな値まで順番に並べたときに，ちょうど中央に位置するケースの取った値（50パーセンタイルという）が中央値である。受講生アンケートの年齢の中央値は，若い順に並べて35番目と36番目の平均値を取って52（歳）である。

ⅲ．最頻値

　ある調査項目で得られた回答のうち，最も度数の多い値が最頻値であ

る。受講生アンケートの年齢の最頻値は，41（歳）である。

iv．最小値と最大値

　ある調査項目で得られた回答のうち，最も小さい値が最小値，最も大きい値が最大値である。受講生アンケートの年齢の最小値は25（歳）で，最大値は75（歳）である。

　では，どのようなデータのどのような特徴を表すときに，どの代表値を用いるのがよいのだろうか。反対にどのようなときには相応しくないのだろうか。平均値は，日常的にも使われることがあるし，次節で扱う分散と標準偏差をはじめ，より高度な統計量を算出する際にも用いられる基本の統計量として，最も多く利用される使い勝手のよい代表値である。しかし，その分使い方にも留意する必要がある。なにより，名義尺度等の質的データに用いることができない。たとえば，受講生アンケートで性別の平均値を求めてはいけない。また，量的データの特徴を残している順序尺度や間隔尺度のデータに用いるのも要注意である。比率尺度の量的データであっても，前述した年収のように，外れ値と呼ばれる異常に大きい値や小さい値があるデータの場合には，平均値が実態を適切に表していない場合があることに留意する必要がある。

　いま挙げた例の場合には，どの代表値が相応しいだろうか。名義尺度等の質的データの場合は，最頻値が適している。「受講生の性別は，女性の38人が最も多い」という感じだ。順序尺度や間隔尺度の場合について受講生アンケートの数学成績で考えてみると，「受講生の数学成績は5段階評価で平均値は3.0である」と「受講生の数学成績は5段階評価で3が20人で一番多い」の2つの表し方がある。どちらがより適しているかは一概に言えないが，分布のかたちやデータの使用目的などでよりしっくりくるほうを選ぶことになる。年収のように外れ値がある分布の場合には，中央値や最頻値を示したほうが実感にあった表し方ができる

こともあるだろう。たとえば，2017年（平成29年）実施の国民生活基礎調査によれば，全世帯の平均所得金額は560万2千円だが，中央値は442万円で，100万円単位の所得金額階級別にみると「300～400万円未満」の13.8％が最頻値である。

　なお，プリ・コーディングにより取り得る値が先に決まっている場合には，最小値と最大値を代表値として使うのは相応しくない。

5．散布度

　平均値等の代表値は，データの特徴を表すうえでとてもわかりやすいし，なにより複数の集団間で比較しやすい。たとえば，受講生の平均年齢を性別に見ると，「女」は49.2歳で「男」は50.5歳である。他方，代表値はいくつかの情報を失っている。たとえば，表5-2なしに受講生の平均年齢の情報だけをもっていたら，受講生は50歳前後の人たちばかりなのか，20～30歳代から70～80歳代やそれ以上まで幅広い世代の人たちが集まっているのかという年齢の散らばり具合はわからない。いくら平均値が同じでも，50歳前後の人たちばかりの集団と20～30歳代から70～80歳代やそれ以上までの幅広い世代の人たちからなる集団では，その特徴は大きく異なる。そこで，データの分布の散らばり具合を表す統計量として，散布度を用いる。主な散布度として範囲，分散，標準偏差がある。

i．範囲（レンジ）

　散布度のうち，最も単純なものが範囲（レンジ）で，ある調査項目で得られた回答の最大値と最小値の差のことである。受講生アンケートの年齢の範囲は，最大値（75（歳））－最小値（25（歳））＝50（歳）である。

　範囲は，全てのケースが含まれる値域の幅なので，分布の散らばり具

合を示すのにとてもわかりやすい。一方で，外れ値があるデータの場合，データの特徴を読み誤る危険性がある。そのようなデータでは，最も小さな値のケースから大きい順に並べて，全ケース数の25％目のケースにあたる25パーセンタイルの値と75％目にあたる75パーセンタイルの値の差を指標とする四分位範囲という散布度を用いることもある。

ⅱ. 分散と標準偏差

　範囲は，全てのケースが取る値域の幅が広いか狭いかはわかるが，万遍なく散らばっているのか，代表値（平均値，中央値，最頻値）あたりに固まっているのかはわからない。また各ケースが代表値（一般的に平均値）からどのくらい離れているのか，つまり，あるケースの値がふつうに取りうる値なのか滅多に取らない値なのかということもわからない。

　そこで，各ケースの値と平均値との差を散らばり具合の指標としようとしたのが分散と標準偏差である。ただ，実際には，その差を全部足し合わせると0になってしまうという特徴が平均値にはあるため，各ケースの値と平均値との差（偏差）を2乗してケース数で割って「平均値から各ケースまでの偏差を二乗した数値の平均値」を算出する。この統計量が分散で，分散の正の平方根を標準偏差という。

　分散を式で表すと次のようになる。

分散（s^2）＝$\{(値_1-平均値)^2+(値_2-平均値)^2+\cdots+(値_n-平均値)^2\}÷n$

　受講生アンケートの数学成績の分散と標準偏差を求めると次のようになる。

$\{(1-3)^2×8+(2-3)^2×17+(3-3)^2×20+(4-3)^2×16+(5-3)^2×9\}÷70=1.44$：分散（$s^2$）

$\sqrt{1.44}=1.2$：標準偏差（s）

　標準偏差は，平均値から±sの範囲に約68％のケースが含まれるとい

う特徴をもっている。ということは，標準偏差の値が小さければ，多くのケースが平均値に近い値を取っていることを意味し，大きければ平均値から遠いところにまで散らばっていることを表している。

　この特性を活かした統計量がおなじみの偏差値である。偏差値は次の式で算出される。

　(値$_n$ − 平均値) ÷ 標準偏差 × 10 + 50

　たとえば，数学成績が「5」だった受講生は，受講生全体の数学成績の平均値＝3に対してどのくらい成績がよいかを偏差値で表すと，次の式から66.7となる。

　$(5 - 3) ÷ 1.2 × 10 + 50 = 66.7$

　以上のように，代表値や散布度といった統計量を算出することによって，複数の集団間での比較をしたり，特徴をわかりやすく捉えたりすることができるようになる。そのことによって，本来の調査目的であった確認したい現状や探りたい原因に迫るために，さらにどのような分析をすればよいか，目処を立てやすくなるのである。

引用・参考文献

安藤明之，2013，『初めてでもできる社会調査・アンケート調査とデータ解析』第2版　日本評論社。
飯田泰之，2007，『考える技術としての統計学』　日本放送協会。
盛山和夫，2004，『社会調査法入門』　有斐閣ブックス。
日本社会調査協会編，2014，『社会調査事典』　丸善出版。
ハンス・ザイゼル訳書，2005，『数字で語る』　新曜社。

学習課題

　表5-2の受講生アンケートのデータを使って，適宜データを集約した集計表を作ったり，各質問の変数の尺度の特徴を考慮して統計量を算出したりしてみよう。

6 | 統計的調査の分析方法（2）

西島 央

《目標＆ポイント》 統計的調査のデータ分析の方法について，確認したい現状や探りたい原因を明らかにするために，2変数以上のデータを用いて相関関係や因果関係として2変数の関係を捉えることの意義を理解するとともに，2変数及び3変数の関係を分析するための最も基本的な分析方法であるクロス分析について，その方法と留意点を習得する。
《キーワード》 相関関係と因果関係，クロス分析，独立変数（説明変数）・従属変数（被説明変数），推定，検定，カイ二乗検定，擬似関係，媒介関係，交互作用，複合因果，変数の関係モデル

----

1. データを2変数以上の関係から捉えることの
意義と留意点

　前章で紹介したように，得られたデータの集計表を作ったり統計量を算出したりすることで，確認したい現状や探りたい原因に関わるある1変数の特徴を明らかにすることはできるようになった。しかし，その特徴をどう評価すればよいのだろうか。

　ある調査で40％という結果が得られたとして，それは高いのだろうか，それとも低いのだろうか。実は，その評価は「40％」という数値の絶対量からは判断できない。たとえば，2018年の紅白歌合戦の関東地方での視聴率は，ビデオリサーチの調査によると，だいたい40％だが，それが低いと評価される。それに対して，内閣支持率は40％台を維持して

いれば，十分だと評価される。近年の紅白歌合戦はかつての視聴率や同じ時間帯の他局の番組の視聴率と比べてそう評価されているのであり，内閣支持率はこれまでの内閣や他国の首班と比べて安定して政権運営できる水準だと評価されているのである。

　つまり，私たちがあるデータを評価するためには，他のデータと比較しなければならない。2つ以上の変数の関係においてはじめて，あるデータの特徴を評価することができるわけである。

　ただ，その際に何と比較してもよいわけではない。紅白歌合戦の視聴率を評価するために，サッカー日本代表のW杯出場をかけた試合の視聴率に比べて低いと指摘しても適切ではない。特徴を描き出すのに適切な分類軸を立てて，その分類軸に基づいて関連のある調査対象のデータを蒐集することで適切な比較ができる。第3章で，現状を明らかにしたり原因を探ったりするには「蒐集・分類・比較」という手順を踏むことが大切だと述べたのは，まさにそのことである。

　では，適切な比較によってよりよい分析・考察をするために，どうすれば適切な分類軸を立てられるのだろうか。第1に，既存資料や先行研究がどのような学問領域のどのような理論に基づいてどのような分類軸を立ててデータの評価を行っているかをよく検討して，それに依拠したり批判したりしながら，調査者自身はどのような立ち位置から，確認したい現状や探りたい原因に迫りたいのかを明確にすることである。

　第2に，科学的な手続きの前提として，2つまたはそれ以上の社会事象や自然現象の間の，つまり複数の変数間の相関関係と因果関係について理解しておくことが望まれる。2変数間の相関関係とは，一方が変化しているときにもう一方も変化している，一方が異なる状況になればもう一方も異なる状況になるという関係にあることを意味する。それに対して，2変数間に一方が原因でもう一方が結果という因果関係が成り立

つには，次の3つの条件がそろう必要がある。第1に，原因にあたる変数が結果に先行して変化したり違う状況になったりすること。第2に，原因の値が変われば結果の値も変わるというように，2変数が共変関係にあること。第3に，2変数に関連の深い他の変数に変化が生じないこと。

　ただし，多くの社会事象や自然現象は2変数の関係だけで生じることはなく，それ以上の変数の関わりのなかで起きるものなので，第3の条件には留保がつく。また，現実の社会事象や自然現象には，一義的にどちらかが原因でどちらかが結果になるとはいえないものが多いことにも留意する必要がある。

　一例を挙げてみよう。中学生対象の質問紙調査によって，部活動に熱心に取り組んでいる生徒の学業成績が良い傾向があるというデータが得られたとしよう。この結果から，部活動の取り組み状況と学業成績という2変数の間に相関関係があると解釈することはできるだろう。しかし，部活動に熱心に取り組んだから学業成績が上がったという因果関係で解釈することは適切ではないだろう。もちろん，学業成績が上がったから部活動にも熱心に取り組んだという逆向きの因果関係が成り立つわけでも，経験的に部活動に熱心な生徒は学業成績が悪かった感じがするのでこの結果が間違っているということでもない。学業成績の良し悪しの原因を探りたいのであれば，部活動への取り組み状況を原因と想定して分類軸に設定したことがそもそも適切ではなかったということになろう。なお，このロジックについては4節で改めて説明する。

2. クロス分析で2変数の関係を捉える

　教育委員会や教員，教育関係団体，大学生などが行う統計的調査であ

れば，多くの質問項目はプリ・コーディングで回答の選択肢が用意され
ているであろう。そのような回答形式の２変数の関係を捉える最も基本
的な分析方法がクロス分析である。クロス分析はいわゆるビッグ・デー
タと呼ばれるような量的データの分析には向かないが，質的データや評
定尺度の量的データが多い中小規模の教育調査を統計的調査の専門家で
はない教育関係者が扱う場合には，本節と４節で紹介するクロス分析だ
けでも十分有用な分析・考察を導き出すデータを得ることができる。ち
なみに，前章で紹介した基礎クロス集計表も，実は各質問項目と基本属
性との関係を捉えるクロス分析である。

　本節では，前章で用いた架空の受講生アンケートによる模擬データを
用いて，２変数の関係を捉える二重クロス分析について紹介する。

　表5-4（70ページ参照）のように，数学得意度に関するデータが得
られたとして，この調査結果を評価するためには，なぜ「とても得意だ
った」人から「とても苦手だった」人まで数学得意度が散らばっている
のかを明らかにする必要がある。つまり，数学得意度の散らばりという
結果を生み出した原因との関係をデータで示して解釈をすることにな
る。ふつうに考えれば，成績の良し悪しが数学得意度に影響していそう
であるから，数学成績が原因で数学得意度が結果という因果関係を想定
する。なお，原因にあたる変数のことを独立変数または説明変数とい
い，結果にあたる変数のことを従属変数または被説明変数という。

　クロス分析では，独立変数の値ごとに従属変数の値の分布をまとめて
いく。たとえば，数学成績が「上のほう」の９ケース（100.0％）のう
ち数学得意度が「とても得意だった」のは４ケース（44.4％）で「やや
得意だった」のは５ケース（55.6％）である。こうして２変数の関係を
まとめたものが**表6-1**のクロス表である。

表6-1 「数学成績」別にみた「数学得意度」のクロス表

（上段：人，下段：%）

	とても得意	やや得意	やや苦手	とても苦手	合計
上のほう	4 44.4	5 55.6	0 0.0	0 0.0	9 100.0
中と上の間	3 18.8	9 56.2	3 18.8	1 6.2	16 100.0
中くらい	0 0.0	3 15.0	11 55.0	6 30.0	20 100.0
中と下の間	1 5.9	2 11.8	4 23.5	10 58.8	17 100.0
下のほう	0 0.0	0 0.0	2 25.0	6 75.0	8 100.0

　２つの値の組み合わせの１つ１つのマス目のことをセルといい，その中のケース数をセル度数という。ただ，セル度数では他の値との比較が難しいので，一般的には独立変数の値ごとに相対度数（％）で示して比較することになる。また，横の並びを行，縦の並びを列，行ごとあるいは列ごとの合計を周辺度数，その分布を周辺分布と呼ぶ。表6-1では行和のみを示してある。

　この事例のように，２変数の間に因果関係を想定する場合には，一般的に，①独立変数の値が各行になるように独立変数を左側におき，②行和を100.0％とする行％を示し，③従属変数に関する行％の分布を比較する，という手続きで２変数の関係を読み取る。たとえば，「『上のほう』で『とても得意』だった人は44.4％いるが，『中と上の間』では18.8％，『中くらい』以下ではほとんどいないので，数学の成績が良いほど数学を得意だと思う傾向がある。」というように解釈する。

　なお，２変数に因果関係が想定できない，つまり相関関係として捉えるときには，総和を算出して，それを100.0％として各セルの総％の分布を比較することになる。

　ところで，表6-1にセルが20もあるように，セルの数が多いクロス表は特徴を捉えにくい場合がある。そのような場合は，前章で値をまとめて集計表を要約したように，各変数の値をまとめてクロス表を作る。表6-2は数学成績を３段階に，数学得意度を２段階にまとめ直した表で，表6-3は数学成績をさらに２段階にまとめ直した表である。

表6-2　「数学成績」別にみた「数学得意度」（要約①）

（上段：人，下段：％）

	得意	苦手	合計
上のほう～ 中と上の間	21 84.0	4 16.0	25 100.0
中くらい	3 15.0	17 85.0	20 100.0
中と下の間 ～下のほう	3 12.0	22 88.0	25 100.0

表6-3　「数学成績」別にみた「数学得意度」（要約②）

（上段：人，下段：％）

	得意	苦手	合計
上のほう～ 中くらい	24 53.3	21 46.7	45 100.0
中と下の間～ 下のほう	3 12.0	22 88.0	25 100.0

　まとめ直す基準としては，独立変数の各値のケース数がなるべく均等に分かれるようにするとか，肯定・否定や賛成・反対のように質的にまとめるなどが考えられる。ただし，そのことによって重要な情報が失われてしまってはいけない。表6-3は表6-2よりも要約されているが，「上のほう〜中と上の間」の人たちには圧倒的に「得意」だった人が多いという情報が失われているので，望ましくないまとめ方といえる。

3.　差の有無はどう判断するのか〜推定と検定への誘い

　クロス分析をして独立変数の値ごとに従属変数の値の分布が違っていたとして，ではどのくらい違っていたら，差があった，つまり2変数の間に何らかの関係があったと判断できるのだろうか。

　たとえば，ある中学校の学級で遠足先を東京タワーにするかスカイツリーにするかをその学級の全生徒の投票で決める場合，1票でも違いがあれば，より多く獲得した遠足先に決まる。これは，その投票が全数調査だからである。質問紙調査でも，教育委員会が管轄する全ての学校を対象に調査をしたり，教員がその学校の全児童・生徒を対象に調査をしたりする場合は，それは全数調査なので，1単位でも違いがあれば，差があることになる。

　しかし，一部の学校や児童・生徒だけを対象とする標本調査の場合や，仮に管轄する学校や全児童・生徒に対する全数調査であったとしても，そこから理論上の全ての学校や全ての児童・生徒を母集団と想定してデータの分析・考察をする場合には，標本の調査結果から母集団の状況を推定したり，調査結果がたまたまその標本を選んだことによる偶然なのか，あるいは何らかの原因によるものなのかを判断するために検定したりする必要がある。大半の教育調査はこちらに含まれるだろう。

　その一方で，第3章でも述べたように，学校や教員や児童・生徒を対象とする教育調査の多くは，関係者の仲介などの有意抽出法で調査対象者が選ばれている。その意味では，厳密には，適切に母集団を推定したり標本の調査結果を検定したりすることはできないともいえる。実際には，推定と検定の手続きを取って分析・考察を行うことが一般的であろう。

　標本調査によって得られたデータのクロス分析をして差があるかどうかを判断するときには，基本的に次のような手順で検定を行う。

①帰無仮説を立てる（この場合，差がないという仮説）。

②帰無仮説が正しいとして，調査結果（この場合，クロス分析）について検定のための統計量を求める（クロス分析では，一般的にカイ二乗検定）。

③統計量が大きければ帰無仮説が正しいと，小さければ帰無仮説は正しくなかったと判断する。

　帰無仮説が正しくなかったときは，「帰無仮説を棄却する」という。

　検定のための統計量の大きさは，一般に0.05か0.01以下を小さいとし，これを有意水準といって，有意水準より小さければ「有意な差があった」といい，大きければ「有意な差がなかった」という。

　SPSS等の統計ソフトであれば，カイ二乗検定の有意確率が算出されるので，その標本規模に適した有意水準で差の有無を判断すればよい。

　推定と検定について統計学的に正しく理解するためには，確率論からきちんと学ぶ必要がある。教育調査の実際を扱う本書ではそこまで紹介する余裕はないが，学術的な調査研究を志す場合や推定と検定に関心をもった場合は，引用・参考文献に挙げてあるような社会統計学のテキストを手にとってほしい。

4. クロス分析で3変数の関係を捉える

　教育に関わって確認したい現状や探りたい原因について，二重クロス分析とその検定によって2変数の関係が明らかにできたとして，そのデータだけではなぜそのような関係が表れるのかを解釈しきれないこともある。また，どのような条件の下でその関係がみられるのか，その2変数に本当に因果関係を想定してよいのか，従属変数を規定する独立変数は1つしかないのかなどの疑問が生じてくることもある。

　そのような場合に，独立変数と従属変数とに関してのみその関係を検討するのではなく，さらに第3の変数（総称して第三変数）を導入して，もともと関心のある独立変数と従属変数との関係の考察を深めていく分析を行っていく。この手続きをエラボレーションといい，そのような分析を総称して多変量解析というが，最も基本的な多変量解析が三重クロス分析である。

　これは，因果関係が成り立つための第3の条件を考慮するということでもある。たとえば，ろうそくの火が酸素を消費していることを確認する理科実験なら，ろうそくをコップなどで覆って酸素が補給されないようにした実験群と，酸素がどんどん補給される環境にろうそくを置いた比較群とで火が消えるか否かを確かめるが，その際に，他の条件をまったく同じにすることによって第3の条件に関わる変数（第三変数）が違わないように考慮している。しかし，人間を対象にしている教育調査をはじめ，社会事象を対象にする調査・実験や大規模な自然現象を対象にする調査・実験では，第三変数をコントロールすることは難しい。そこで，第三変数についても測定して，そのうえで統計的に操作することによって第三変数の影響を統制する，つまり第三変数の影響を統計上一定に保つようにする。ただ，ろうそくの実験などと比べれば第三変数の統

制の精度は落ちるし，２変数の関係に影響すると想定される全ての変数を識別して分析に加えることはできない点に留意する。三重クロス分析は，第三変数を統計上一定に保つ最も基本的な分析方法である。

　受講生アンケートの数学成績と数学得意度の関係について，**表6-2**をもとにして第三変数に性別を導入して三重クロス分析をしたものが表**6-4**のクロス表である。操作としては，先に性別で分けたうえで，女と男それぞれに，数学成績と数学得意度の二重クロス表を作る。

　その結果，「『上のほう〜中と上の間』だった人は性別に関わりなく8割が『得意』だったが，『中くらい』以下では，男性には『得意』だった人がある程度いるのに対して女性にはいない。このことから，全体としては数学の成績が良いほど数学を得意だと思う傾向があるものの，中くらい以下の成績では，性別によって得意度の意識のもち方に違いがみられる。」とか「男性のほうが数学が『得意』だと思う傾向がみられる。」というような解釈ができそうだ。

表6-4　性別で統制して「数学成績」別にみた「数学得意度」
（上段：人，下段：％）

		得意	苦手	合計
女	上のほう〜中と上の間	13 81.3	3 18.7	16 100.0
	中くらい	0 0.0	13 100.0	13 100.0
	中と下の間〜下のほう	0 0.0	9 100.0	9 100.0
男	上のほう〜中と上の間	8 88.9	1 11.1	9 100.0
	中くらい	3 42.9	4 57.1	7 100.0
	中と下の間〜下のほう	3 18.7	13 81.3	16 100.0

　エラボレーションによって，独立変数と従属変数の関係は，①維持される，②消滅する，③新たな関連が発見される，④強められる，⑤逆転する，の5つのいずれかになる。④と⑤はよほどケース数のズレが大きい場合にのみ見られるものなので，①〜③について実際にどのように数値が変わっていくか，具体例を示しながら見てみよう。

　1節で例に挙げた中学生の部活動への取り組みと学業成績の関係について，架空の200人の中学生に対して「部活動に熱心か不熱心か」と「学業成績が良いか悪いか」を尋ねた質問紙調査の結果の模擬データが表6-5である。部活動に不熱心な生徒より熱心な生徒のほうが成績が良い傾向が見てとれる。

表6-5　元のクロス表　　　　　　　　　　　　　　（%）

	成績悪い	成績良い	（実数）
部活動に熱心	15.0	85.0	（100）
部活動に不熱心	40.0	60.0	（100）

　表6-6は第三変数の効果がなく，元の2変数の関係が維持される場合である。具体的には，性別を導入してみたが，女子も男子も表6-5とほとんど変わらない数値になっている。

表6-6　第三変数の効果がない　　　　　　　　　（%）

		成績悪い	成績良い	（実数）
女子	部活動に熱心	14.5	85.5	（69）
	部活動に不熱心	40.3	59.7	（67）
男子	部活動に熱心	16.1	83.9	（31）
	部活動に不熱心	39.4	60.6	（33）

　表6-7は第三変数で完全に説明がついて，元の2変数の関係が消滅

する場合である。具体的には，家庭学習時間の長さを導入してみたところ，部活動への取り組み如何にかかわらず，長いと答えた生徒では9割が，短いと答えた生徒では3割が成績が良いと答えている。つまり，部活動への取り組み姿勢と学業成績の間には直接の関係はないことがわかる。

表6-7　第三変数で完全に説明がつく　　　　　　　　　（%）

		成績悪い	成績良い	（実数）
家庭学習時間長	部活動に熱心	8.0	92.0	(88)
	部活動に不熱心	8.7	91.3	(46)
家庭学習時間短	部活動に熱心	66.7	33.3	(12)
	部活動に不熱心	66.7	33.3	(54)

　表6-8は，新たな関連として，第三変数の値ごとに異なる関係がみられる場合である。具体的には，通塾の有無を導入してみたところ，塾に行っている場合は，部活動への取り組み如何にかかわらず75%が成績が良いが，塾に行っていない場合は，部活動に不熱心な生徒で成績が良い人は5割弱にとどまる一方で，熱心な生徒は9割が成績が良い。このように第三変数の値ごとに異なる関係が発見された場合，第三変数に交互作用があるという。

表6-8　第三変数に交互作用がある　　　　　　　　　（%）

		成績悪い	成績良い	（実数）
塾に行っていない	部活動に熱心	10.3	89.7	(68)
	部活動に不熱心	51.8	48.2	(56)
塾に行っている	部活動に熱心	25.0	75.0	(32)
	部活動に不熱心	25.0	75.0	(44)

　表6-9は，第三変数によって新たな関連がみられるのだが，表6-8
ほどはっきりした違いが現れるのではなく，部分的な効果がみられる場
合である。実際には，こういう結果になることが一番多い。具体的に
は，学校生活が楽しいかどうかを導入したところ，楽しい場合には部活
動の取り組み如何にかかわらず成績が良い人の割合が増え，楽しくない
場合には減っている。

表6-9　第三変数に部分的な効果がある　　　　　　　　　　　　（％）

		成績悪い	成績良い	（実数）
学校生活が楽しい	部活動に熱心	11.8	88.2	（85）
	部活動に不熱心	26.9	73.1	（52）
学校生活が楽しくない	部活動に熱心	33.3	66.7	（15）
	部活動に不熱心	54.2	45.8	（48）

　ところで，表6-6～表6-9までの三重クロス表は，元の2変数の関
係が数値上どう変わったかを示してくれているにすぎない。3つの変数
間の関係については，次頁に示すパターンと変数の関係モデルや前述の
因果関係の成り立つ条件，依拠する学問領域の理論などをふまえて，調
査者が解釈していく必要がある。
　これらのパターンと因果関係の成り立つ条件をふまえたとき，独立変
数と従属変数の2変数の周りには図6-1のように第三変数が位置づい
ている。たとえば，1節で部活動への取り組み状況と学業成績の間に因
果関係は想定できないと述べたが，2変数の間にみられた数値上の関係
は，第三変数として家庭学習時間や学校生活の楽しさを導入した結果，
擬似関係であったと解釈するのが適切だと考えられる。
　このように，関心のある2変数の関係について，関連のある第三変数
との関係をこの変数の関係モデルに位置づけながら解釈していくとわか

りやすい。

☆3変数の関係の主なパターン
①擬似関係：2変数間の共変動が，独立変数より以前に存在する変
　　　　　　数や，両変数に影響を与えうるようなその他の統制変
　　　　　　数の効果によってもたらされること。
②媒介関係：2変数間の共変動が，独立変数と従属変数をつなぐよ
　　　　　　うなその他の媒介変数によってもたらされること。
※擬似関係と媒介関係の違い：擬似関係は，2変数が因果関係をも
　　　　　　　　　　　　　　たず，ある共通原因に左右されるも
　　　　　　　　　　　　　　ので，媒介関係は2変数が因果関係
　　　　　　　　　　　　　　をもっており，付加される媒介変数
　　　　　　　　　　　　　　によって因果関係が詳しく理解でき
　　　　　　　　　　　　　　るもの。
③交互作用：統制変数のカテゴリーごとに2変数間の関連のしかた
　　　　　　が異なっていること。
④複合因果：従属変数にあたる社会事象が2つ以上の原因から起こ
　　　　　　っているとする見方。

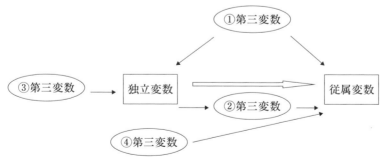

図6-1　変数の関係モデル

また，データを解釈するときだけでなく，質問紙調査を設計する段階で変数の関係モデルにあてはめながら調査項目を決めていけば，必要な質問を調査し損ねたり，逆に分析に使わない調査項目を余計に質問したりすることなく，効率的な調査を実施することができる。

三重クロス分析は，３変数の数値上の関係から本来の調査目的であった確認したい現状や探りたい原因の考察をより深めていくことができるとともに，その手続きを活かして確認したい現状や探りたい原因に関連のある社会事象を変数の関係モデルに位置づけていくことで，より質の高い統計的調査を設計したりより精度の高い分析をしたりする指針ともなりうるのである。

引用・参考文献

安藤明之，2013，『初めてでもできる社会調査・アンケート調査とデータ解析』第
　2版　日本評論社。
飯田泰之，2007，『考える技術としての統計学』　日本放送協会。
盛山和夫，2004，『社会調査法入門』　有斐閣ブックス。
日本社会調査協会編，2014，『社会調査事典』　丸善出版。
ハンス・ザイゼル訳書，2005，『数字で語る』　新曜社。

学習課題

　表5-2の受講生アンケートのデータを使って，実際に表6-1の二重
クロス表や表6-4の三重クロス表を作ってみよう。
また，表6-5をもとに，表6-6〜表6-9のそれぞれについてどのよ
うに解釈できるか，考えてみよう。

7 | 事例調査の分析方法（1）

| 藤田　武志

《目標・ポイント》　事例研究の分析をどのように進めていくのか。本章では，分析に向けたフィールドノーツの作成方法や，調査対象の選定方法を概観する。また，コード化やカテゴリー化といった分析方法について，具体例を通して学習する。

《キーワード》　問題の構造化，理論的サンプリング，コーディング，カテゴリーの抽出

---

1. 調査を通した問題の構造化

（1）フィールドノーツ

　第4章で説明したように，事例調査は，調査を進めながら問題の構造化をはかるところに特徴がある。つまり，調査と分析とを同時に行っていくのである。そのため，調査の記録（フィールドノーツ）は単なる記録ではなく，分析を意識しながら作成する必要がある。

　フィールドノーツは，観察調査を行うたびに作成するが，柴山（2006）は，1回分の清書版のフィールドノーツを〈観察記録の部〉と〈解釈・省察の部〉という2部構成にしたという。〈観察記録の部〉には観察したフィールドの様子を時系列的に書いていく一方，〈解釈・省察の部〉には，「理論メモ」，「方法論メモ」，「個人メモ」の3つの内容を書き留めていったそうである。理論メモは，観察データの分析について思いついたこと，あるいは，先行研究の理論とデータとの関係につい

て気づいたことなどの理論的な覚え書き，方法論メモは，調査の進め方に関する注意点や改善点，個人メモは観察のなかで感じた個人的な感想や印象などをそれぞれ記録するものである。

　観察調査を終えてフィールドノーツを清書する際に，上記のような内容を書き込んでいく。その作業を通して，漠然とした問題意識をどう明確化していけそうか，フィールドのどの点に着目していくと問いが焦点化していきそうかといった問題の構造化と，観察記録の作成とを同時に行うことができる。

　なお，このように2部構成で記述することは，観察調査のフィールドノーツを作成する場合だけではなく，聞き取り調査のデータを文字化するときにも同様に行うといいだろう。

（2）理論的サンプリング

　問題の構造化やデータの分析をしながら調査を進める際には，理論的サンプリングと呼ばれる方法が有益である。理論的サンプリングとは，もともとグレイザーとストラウスによって開発された方法で（グレイザー＆ストラウス　1996），その後，事例研究に取り組む多くの研究者によって採用され，発展してきた。

　理論的サンプリングは，統計的調査におけるサンプリングの考え方とは大きく異なっている。統計的調査におけるサンプリングは，データの偏りを防ぐために，調査対象者をランダムに選定することである。それに対し理論的サンプリングは，データに基づいた理論を構築するために手持ちのデータの不足を補ったり，考察を発展させるためにデータを補強したりすることである（フリック　2016）。

　では，理論的サンプリングとは，具体的にはどんな作業をすることなのだろうか。就職活動が学生にどんな意味があるのかを卒業論文で探究

した学生の例で考えよう。

　当該の学生は，当初，就職活動を通して何を学んだのかを調べようと
していたが，インタビューをするうちに，共に就職活動をした友人に関
する話題が多く出てくることに気づく。そこで，就職活動を共にするこ
とが重要なのか，それとも友人であることが重要なのかを確認するた
め，就職活動はしていなかった友人など，もう少し広い範囲の友人も含
めて就職活動中の関係を探ることにした。さらに，友人との間に見られ
ることが，友人とだけの特徴であるのかを確かめるために，親やキョウ
ダイなどの家族，恋人（元を含む），先輩といった幅広い人間関係にも
視野を広げて見てみることにした。

　ここで行っているのは，考察対象となる社会的現象の仕組みを検討す
る際，いま手にしている有望な手がかりを確認したり，発展させたりす
るために，新たに何（どこ・誰）を調査対象にすればいいかを考えて決
定していく作業である。

　それに加え，分析の手がかりを確かめるためには，新しい対象を調査
するのではなく，同じ調査対象について，異なった場面を調査すること
が必要な場合もある。たとえば，ある場面で教員と子どもたちの特徴的
な相互作用が見いだされた場合，同じ教員と子どもたちについて，別の
場面での様子を観察することで，先に見いだされた特徴がどのような性
格のものなのかを検討するといったケースがそれにあたる。

　これらの例から理解されるように，理論的サンプリングとは，検討を
進めていくためにどんなデータを追加するかを，理論的に考えながら決
定する方法なのである。

　また，このような理論的サンプリングの考え方は，調査を一通り終え
た後にデータを分析する段階においても活用できる。すなわち，分析の
なかで浮上してきたアイディアや手がかりを確かめたり，展開したりす

るために，新しい調査対象について考えるのではなく，すでにあるデータのどこを参照すればいいかについて考えていくのである。

　その例として，第2章で紹介した不登校生の通う適応指導教室に関する論文を取り上げよう（脊戸 2009）。適応指導教室にいくつかある部屋を生徒たちが使い分けていることには，調査をしている時点では気づいていなかった。調査を終えて分析を進めている段階で，ある生徒の部屋の利用の仕方が気になり，その生徒がいた場所に関するフィールドノーツの記録を洗い出した。そこで見いだしたことが当該の生徒だけの特徴なのかどうか，他のすべての生徒についても確認したところ，全体的に特徴的な使い方をしていることが判明した。理論的サンプリングの考え方をこのように応用しながら分析していくこともできるのである。

2.　データの分析

（1）コーディング

　観察やインタビューのデータを分析する第一歩は，データにコード[1]をつけていくこと（コーディング）である。コードの付与は，データを蒐集する過程でも，蒐集が終わった後でも行うことができる。

　コーディングは，統計的調査でも行われる作業であるが，同じ名前でも事例調査におけるそれは内容が少し異なることに注意する必要がある。統計的調査のコーディングは，第3章で説明したように，それぞれの回答に適切な数値を割り当てることである。それに対し，事例調査におけるコーディングは，探究している社会的現象の様相とその仕組みや成り立ちを探究するための手がかりとなりそうなデータを探して，そのデータに印をつけていくことである。

　コーディングの実際について理解するため，保育士が子どもたちにど

---

[1]　コードは，論者によってインデックス，カテゴリー，テーマなどさまざまに呼ばれており，コードとは何か，コードをどうつけるのかについても統一的な見解はない。そのため，コーディングについては本書で説明するもの以外にも多くのやり方がある。なお，コードの多様な考え方については，ギブズ（2017）に詳しい。

のように接しているのかを探究すべく，ある保育園で観察調査を行った学生のフィールドノーツを例に具体的に考えてみよう[2]。当該学生はアルバイトとして保育園の現場で働きながら，保育園の許可を取って，卒業論文のために保育士と幼児の様子を観察した。

　保育士が子どもにどう接しているのかを知りたいので，まずは，フィールドノーツを読み返しながら，保育士が子どもに働きかけている場面をすべてピックアップし，それらに「働きかけ」という印（コード）をつけていく。ワープロで打ち込んだフィールドノーツをプリントアウトしたものであれば，該当箇所の欄外に「働きかけ」と記入する。それにあわせて，該当箇所に下線やマーカーで印をつけると分かりやすい。プリントアウトせずに，パソコン上で作業を行うのであれば，決まった色で印をつけていくやり方でもいいだろう。

　次に，「働きかけ」というコードがついたデータのみを対象として読み返し，このデータ群にどのような特徴があるのかを考え，さらなるコーディングをしていく。コンピュータ上で作業をしている場合，コードをつけたデータのみをコピー＆ペーストして集めた2次データを作成して作業を進めていくこともできる。

　事例調査に対するよくある批判の1つとして，都合のいいデータのみをつまみ食いして立論しているのではないかというものがある。そのため，ここで注意する必要があるのは，ピックアップしたデータ群のすべてを対象に検討することと，より多くのデータをカバーできる枠組みを考えてコーディングしていくことである。たとえば，この学生の場合，「働きかけ」というコードをつけたデータすべてについて検討し，それらは「行動の促進」と「行動の禁止・修正」という2つのコードによってちょうど2つに分類できると考えて，コードをつけていった。2つのコードで分類したデータを，紙幅の関係で一部だけであるが，**表7-1**

[2]　調査を実施した学生から，本書でデータを使用する許可を得た。

と表7-2に示した。

表7-1　行動の促進に関わる働きかけのデータ例

［場面1］Rちゃんがとても喫るようになり、にこにこしていたので担任は「R
ちゃん、<u>楽しいね。可愛いね。</u>」と言いながら頭を撫でた。Rちゃんはさらに声
を出して笑った。
コード：共感、評価

［場面2］雨の日、登るところと滑るところ2箇所ずつある室内用の滑り台をし
ている時、みんなが滑るところから登ろうとする中、Aちゃんは担任が「<u>階段の
ところから登るんだよ</u>」と言うときちんと階段の方へまわっていた。「<u>Aちゃん
は言うことちゃんとわかっているんだね。偉いね。</u>」と褒めていた。
コード：ルール確認、事実確認、評価

［場面3］容器に穴が空いていてその穴の形にあわせて入れるというおもちゃで
遊んでいる子どもがいた。それを見て生まれ月が1番遅いHくんが声を出してお
もちゃに手を伸ばそうとした。担任は「<u>それは今お友達が使っているよ。こっち
にも同じものあるよ。</u>」と使っていない同じおもちゃを渡してあげていた。Hく
んはそれをどう使うのか、どうやって遊ぶのかわかっていなくても持っただけで
笑っていた。
コード：事実確認、興味の転換

［場面4］Rくんが登園した際、親と離れる時に泣いていなくても<u>クリスマス仕
様になった部屋の飾りを見せるようにして</u>誘っていた。
コード：誘導

　その後、まず行動の促進に関わる働きかけについて、それぞれどのよ
うな意味合いの働きかけだと考えられるかをさらに検討したところ、子
どもに対する共感、評価、ルールの確認や事実の確認などを行っている
と判断された。また、行動を直接的に指示するのではなく、他の子ども
たちの様子に意識を向けさせることで、その子どもたちのように行動す
べきであると間接的に指示をしていたり、子どもの興味を他のものに転

表7-2　行動の禁止・修正に関わる働きかけのデータ例

［場面5］Hちゃんは担当の担任が大好きで少しでも離れると泣きながら後追いしていた。担当の担任が仕事でクラスを抜けていたときも大泣きしていた。もう一人の担任は膝にHちゃんをみんなの方が見えるように座らせて，「Hちゃん周り見てごらん。<u>お友だち遊んでいるよ。</u><u>Hちゃんもおもちゃで一緒に遊ぼう。</u>」と言った。Hちゃんは保育者の膝に座りながらおもちゃに手を伸ばしていた。
コード：安心感の付与，指示，事実確認，間接的な指示，誘導，興味の転換

［場面6］4人乗りバギーに乗り，公園に向かう途中Sちゃんが突然泣き出した。よく見ると2人ずつ向かい合って座っているので前に座っているRちゃんの足がSに当たっていてそれに対して怒って泣き叫んでいることがわかった。担任はRちゃんに「<u>Sちゃんに当たっているよ。痛いって言っているよ。</u>」と足を伸ばさないよう注意した。全員に対して「<u>みんな大きくなったんだね。</u>」と声をかけていた。
コード：事実確認，代弁，評価，行為の免責

［場面7］Rくんが数人が遊んでいるところに無理やり割り込み，おもちゃを取ってしまった。それを取り返そうと手を伸ばしたKくんを押したり，顔を叩いたりして手を出してしまった。担任は「見たよ。<u>Rくんがおもちゃ取ったでしょ。叩いたらKくん痛いよ。</u>」と言ってRくんが自らおもちゃを担任に渡し，Kくんに返した。Rくんに「<u>言ったらわかるね。えらいね。</u>」と頭を撫でた。
コード：事実確認，代弁，事実確認，評価

［場面8］歩行が安定してきて散歩の帰り，バギーに乗らずにSちゃんとAちゃんは交代で歩いて帰ることになった。しかし公園から先に歩くのがSちゃんとなりAちゃんはバギーに乗せられた瞬間に泣いて騒いだ。担任は「<u>AちゃんはSちゃんの次ね。順番だよ。家と違って保育園はお友達がいて，順番があるんだよ。</u>」と言った。Aちゃんは歩く番になると，道沿いのものに興味津々でなかなか進まなかった。担任は「<u>遊びは終わりだよ。帰るときは先生と手をつないできちんと歩くよ。</u>」と言ったがAちゃんは言うことを聞かなかった。担任がAちゃんを<u>抱き上げバギーに乗せようとする</u>とAちゃんはまた騒いだので「<u>バギーに乗るか，ちゃんと歩くかどっちかにしよう。</u>」と言った。すると手をつないで歩いて保育園まで帰ることができた。
コード：事実確認，ルールの提示，指示，強制力の行使，選択肢の提示

［場面9］数人の子どもたちの間で先生や大人に抱きつくように友だちに抱きつくことが流行っていた。RくんとAちゃんが抱きついているのを見た担任は「<u>仲良しなのは良いことだね。でもそのまま倒れて危ないから，やめてね。</u>」とやめるように注意した。
コード：評価，理由の提示，禁止

［場面10］Rちゃんは何の前触れもなく突然友だちの顔や頭を叩いたりしていた。それを見た担任は「<u>Rちゃんそれは嫌だ。お友だち痛い痛いだよ。</u>」と注意するとRちゃんはおもちゃを担任に渡したり，笑ったりしてごまかした。担任は「<u>ごまかさないで。先生のお顔見て。笑ってないよ。怒ってるの。</u>」と言った。
コード：私メッセージの評価，代弁，禁止，指示，事実確認，叱責

換させていたり，それによって，別の方向へと行動を誘導したりするような働きかけもみることができた。

　そのような判断をもとに，表7−1に示したように，それぞれの場面の働きかけにコードを付与した。各場面の下に記した語句がコードであり，そのコードに対応する部分に下線を引いてある。

　次に，行動の禁止や修正に関わる働きかけを検討したところ，評価，ルールの確認や事実の確認，行動の間接的な指示，転換と誘導など，行動の促進に関わる働きかけと共通しているものが見られた。ただし，［場面10］に見られるように，評価において「私メッセージ」による評価が見られたことが特徴的である。

　しかし，膝の上に抱えることによる安心感の付与や，他の子どもの気持ちの代弁，その行為をしてしまった子ども自身が悪いのではないという行為の免責，強制力の行使，選択肢の提示，行為の禁止や理由の提示，叱責など，行動の促進に関わる働きかけには見られなかったものもある。

　このような判断をもとにコードを付与したのが表7−2である。先ほどと同様に，各場面の下に記した語句がコードであり，そのコードに対応する部分に下線を引いてある。なお，同じ部分に2つのコードを割り当てたところには，二重下線を引いた。

（2）カテゴリーの抽出

　このように細かく分析していった後にはどうしたらいいだろうか。この保育園の例を用いてさらに見ていこう。この場合，まずは子どもの行動を促進する働きかけという社会的現象がどういった諸要因（カテゴリー）によって成り立っているのかを説明することが目的である。そのため，コードをよく見直し，場合によってはコードを統合して，社会的現

象を成立させていると考えられる要因（カテゴリー）を抽出していく。

　この学生の場合，細分化して付与した行動の促進に関わるコードを以下の3つに大別した。第1に，子どもたちの行動等に対する共感や評価などの「意味づけ」というカテゴリーである。第2は，ルールの確認や事実の確認といった，「確認」である。そして第3に，行動の間接的な指示や転換，誘導などの，「方向づけ」である。つまり，この園の保育者たちは，この3つのカテゴリーの働きかけを組み合わせて用いながら，子どもたちの行動の促進をはかっていると分析したのである。

　次に，行動を禁止・修正する働きかけだけに付与したコードについて検討したところ，3つに大別できると判断した。すなわち，第1に，膝の上に抱えたり，その子どものせいではないことを伝えたりすることによる「安心感の付与」，第2に，他の子どもの「代弁」，第3に，強制力の行使や選択肢の提示，行為の禁止や叱責といった「より強い方向づけ」という3つのカテゴリーである。

　上記を整理すると，調査で観察された保育者の働きかけは，行動の促進の部分では「意味づけ」，「確認」，「方向づけ」という3つのカテゴリーから成り立っている一方，行動の禁止や修正というより影響力の強い働きかけには，それらの3つに加えて「安心感の付与」，「代弁」，「より強い方向づけ」という3つのカテゴリーが加わっていると考えられる。

　これらのカテゴリーを見いだしたことによって，保育者の働きかけのあり様を整理して理解できただけではなく，それらをどう組み合わせて，どう用いているかという手順についても理解できた。たとえば，行動の禁止や修正に関わる働きかけにおいて，禁止といった強い方向づけは最初に行うことはなかった。ほとんどの事例では，「確認」や「意味づけ」などをまずしたうえで，方向づけにつながる働きかけをしていたのである。

　以上のように，統計的分析において変数間の関係をとらえていくのと同型的に，カテゴリー間の関係として社会的現象の成り立ちをとらえていくことが事例調査のゴールである。

（3）分析結果の位置づけ

　保育士は子どもにどう接しているのかという漠然とした問いから始まった調査は，これまで見てきたような手続きによって分析され，上記のような保育士の働きかけの構造が見いだされた。しかし，データを繰り返し眺めていれば自然とこのような分析視点や分析結果が導き出される訳ではない。重要なのは，データとともに先行研究とも対話をするなかで，問いの方向性が定まっていくことである。それゆえ，分析結果も，先行研究に位置づけることによって意味が明確になる。

　また，事例研究で見いだされた知見は，その一般性についてしばしば疑義が呈される。しかし，第 2 章で指摘したように，事例研究は，個々の事例に潜む社会を探究するものであり，しかも，そもそも学問は，一般的，普遍的なことを探究するものである。そのため，事例研究では，一般性について，どのような水準において主張できるかを考える必要がある。

　たとえば，これまで検討してきた例について，「多くの保育者はこれらのカテゴリーからなる働きかけをしている」と一般的に主張することはもちろんできない。この主張は，集合的な問いに対する答えだからである。それに対し，たとえば，行動の促進，および禁止・修正を達成する際の方略として，「異なった働きかけのセットを用いて対処するやり方がある」ということは，上記の事例調査から一般的に主張することができる。あるいは，「保育士の働きかけのレパートリーのなかに，『意味づけ』や『確認』などの 6 つがある」ということも言えるだろう。もち

ろん，6つ以上や以下であるケース，あるいは，同じ6つでも内容が違っているケースなどさまざまなものがあるだろう。しかし，少なくとも今回のようなケースが存在することは確かだからである。

　このように，統計的調査と事例調査は，追究する問いと一般性の水準が異なっていることを認識しておく必要がある。

　もう一つ留意しておくべきことは，調査によって明らかになったことは，あくまでも仮説であるということである。統計的調査と事例調査のいずれについても，調査を通して得られた結論は，新たな調査によって反証されるまで有効な仮の結論なのである。

3.　カテゴリーの性質

　前節で見てきた，保育者の働きかけの分析は，静的な構造の探究だと考えられる。たとえるならば，保育者の働きかけの場面のスナップショット（静止画）に写し出された行為について，カテゴリーを抽出することによって分類・整理することに近いと言えるだろう。

　それに対し，場面を動画で撮影し，その動きの仕組みを探究するような分析もある。この場合，抽出されるカテゴリーは，動きを駆動するギアのような働きをするものとなる。そのようなカテゴリーと静的なカテゴリーとの違いを理解するため，フリーターという状態から脱して正規労働者になるという変化がどう生じるのかを探究した調査研究を例に考えていこう。

　戸田（2009）は，フリーターから正規労働者に移行する仕組みを探究するため，10名のフリーター経験者を対象とした聞き取り調査を行った。インタビューの対象者はいずれも，年齢が高くなるまで長期にわたってフリーターをしていたことから，先行研究では，フリーターから抜

け出しにくいとされる層に属しているが，インタビュー時点では正規労働者として働いていた者たちである。

　インタビューを通して，フリーターからの移行と正規職の継続という変化（＝社会的現象）を引き起こす動因として見いだされたカテゴリーは，「強いソーシャル・ネットワーク」と「職業生活における絆」の2つであった。

　転職などでも「弱い紐帯の強み」（グラノベッター）が主張され，身近で強い友人ネットワークしかない若者については，フリーターからの離脱が難しいと指摘されていた。しかし，長期的に見てみると，むしろ強くつながっている同質の他者から就職口を紹介されたり，動機づけられたりすることが，抜け出しにくいフリーターから離脱する「契機」として機能していたのである。

　また，正規職の継続は，やりたい仕事であるとか，適職であるとか，仕事そのものから情緒の安定を得ることによって果たされているとは限らなかった。仲間，趣味，私生活など，人生のなかで大切にしたいもの（絆）を獲得し，安定した収入によってそれらを維持することが，正規職への「定着」の要因となるケースもある。

　このように，フリーターからの離脱の契機としての「強いソーシャル・ネットワーク」というカテゴリーと，正規職への定着の要因としての「職業生活における絆」というカテゴリーが，フリーターから離脱しにくい層が正規労働者へ移行するという変化を生じさせるギアの役割を担っているというのである。

　以上のように，カテゴリー間の関係として社会的現象をとらえようとするとき，説明しようとしているのが静的な状況なのか，動的な状況なのかによって，抽出するカテゴリーの性質が異なることを意識しながら分析を進めていく必要がある。

参考文献

ウヴェ・フリック，2016，『質的研究のデザイン』新曜社。

グラハム・R・ギブズ，2017，『質的データの分析』新曜社。

B・G・グレイザー＆A・L・ストラウス，1996，『データ対話型理論の発見　調査からいかに理論をうみだすか』新曜社。

箕浦康子編，2009，『フィールドワークの技法と実際Ⅱ　分析・解釈編』ミネルヴァ書房。

佐藤郁哉，2002，『フィールドワークの技法　—問いを育てる，仮説をきたえる』新曜社。

脊戸義明，2009，「適応指導教室の通級生に対する支援の構造　—X教室のフィールドワークを通して—」上越教育大学大学院修士論文。

柴山真琴，2006，『子どもエスノグラフィー入門　—技法の基礎から活用まで』新曜社。

戸田明，2009，「フリーターから典型労働者への移行プロセス　—元フリーターの若者の語りを通して—」上越教育大学大学院修士論文。

学習課題

1．生徒によって放課後の過ごし方が違うことを探究する際に，どういった生徒を対象に調査していくか，理論的サンプリングを用いて考えてみよう。

2．1つのトピックに関するインタビュー集（たとえば，全国不登校新聞社編『学校に行きたくない君へ』ポプラ社）を対象に「不登校のとらえ方」という漠然とした問いから出発し，コーディングと，問題の構造化の練習をしてみよう。

8 | 事例調査の分析方法（２）

藤田　武志

《**目標＆ポイント**》　事例調査のデータを分析し，理論を構築していくとはどのようなことなのか。本章では，分析の手がかりをどうとらえるか，データをどう解釈し，理論化していくか，その際にどのようなところに注意すべきかについて考える。

《**キーワード**》　データの整理，先行研究，理論的枠組み，データの解釈

1.　当たり前の現実にどう向き合うか

　観察調査に入るとドラマチックな現実が繰り広げられており，聞き取り調査をすると目から鱗が落ちる話が語られる，といったことはめったにないのが実際のところである。たいていの場合，観察調査で目の前に広がっているのはごく当たり前の日常風景であるし，多くの聞き取り調査ではごく当たり前の人のごく当たり前の語りを耳にすることになる。もちろん，これまで知らなかった異文化のなかに飛び込んでいくような場合は異なるだろうが，その新鮮さもつかの間のことであることが少なくない。

　調査とは多くの場合，そのごく当たり前のなかに「不思議」（＝解くべき問い）を見つけていく作業であるが，そもそも「当たり前」とは不思議ではないものの別名のようなものであるから，その作業はなかなか難しい。

　そのため，研究レポートや論文によくあるのは，調査したデータを羅

列した，実態の記述にとどまっているケースである。また，調べなくて
もすでに分かっていることを書き連ねるようなケースも見られる。しか
し学問研究では，これまで見えていなかったこと，あるいは，見えてい
たのに気づかなかったことなど，従来とは異なった見え方を提示しなけ
ればならない。では，当たり前の現実に対してどう向きあえば，その向
こう側に潜んでいる不思議にたどり着くことができるのだろうか。

2. データの整理

　データを整理してみることで分析の手がかりを得られることがある。
事例調査におけるデータの整理とは，たとえば，あるできごとについて
語られたインタビューデータについて，そのできごとを構成しているエ
ピソードの順序が入れ替わって語られている場合や，複数のできごとが
平行して語られている場合などに，それらをきちんと整理してみること
である。あるいは，複数の人物のいる場所を観察したフィールドノーツ
をもとに，人物ごとにどのような動きをしているのかを書き出してみる
こともそれにあたる。場合によっては，表を作成したり，図や年表を作
ったりすることもあるだろう。このように，時間，人物，できごと，ト
ピックなど，何らかの基準によってデータを並べ直すことがデータの整
理である。

　そのような例として，特別な教育的支援を必要とする児童が在籍して
いる通常学級において，どのような配慮が求められるのかを探究した長
谷川（2008）の研究を見てみよう。長谷川は，いくつかの学級の様子を
参与観察し，長期にわたる観察のなかで，さまざまなできごとや行為を
記録していった。フィールドノーツに記された気になる場面を整理して
いくと，教師による働きかけが功を奏しているように思われるケース

と，同じような働きかけをしたにもかかわらず，むしろ混乱が生じてしまったケースに分類されることが見えてきた。

　このように，データを整理することによって，混沌としているフィールドで何が生じているのかが理解できるようになると同時に，何を分析すべきかという課題も明確になってくる。上記の場合の分析課題は，同じような働きかけが相反する結果を生じてしまうことをどう理解するかということになろう。

　その分析課題に取り組むためには，同じような働きかけが功を奏した場合とそうではない場合にはどういった相違点があるのか，それぞれのデータを比較しながらさらに考えていくといいだろう。そして，つじつまが合わないように見えるものが矛盾なく両立できる，合理的な説明の手がかりを探すのである。

　なお，その際に注意すべきなのは，問題状況の原因を個人のせいにしてしまいがちであることである。たとえば，教室で生じた問題状況を例にすれば，その原因を教師の力量や心がけの不足，あるいは，特定の子どもの不適応などに求めてしまうことである。社会調査としての教育調査においては，考察の方向性をそちらに向けるのではなく，多くの教師が陥ってしまいがちな「構造」の問題としてとらえたり，個人の不適応に見えるものを，ある「状況」に対する正常な反応としてとらえたりなど，「社会的につくられている現象」について考察していることを常に意識しておく必要がある。

　長谷川は，このような観点から上記のデータを検討していった。そして，教師の働きかけを「状況的ジレンマ」（山本　1985）の問題として分析することで，合理的に理解できることを見いだし，浮上してきたジレンマの1つを「同調行為のジレンマ」と名づけている。

　同調行為のジレンマは，特別支援の対象である児童に対する教師の働

きかけに，その周囲の子どもたちが同調することに起因するジレンマである。対象児童を教師が賞賛した際に周囲の児童も同調して賞賛するような場面ではジレンマは生じにくい。しかし，対象児童の行為を教師が「止めなさい」と制し，それに対象児童が応じようとした際に，周囲の児童たちも教師に同調して，「止めろよ」「だめだよ，そんなことしちゃ」などと注意しはじめることで，対象児童の素直な対応がむしろ阻害されることがある。ここで生じているのは，周囲の児童の同調行為によって教師の指導が過剰に増幅され，期待した効果を発揮するどころか，むしろ期待とは逆の結果が生じるような事態である。

　このジレンマは，上記のような抑止的な働きかけのときだけではなく，対象児童を助けようとする支援的な働きかけの際にも生じていた。たとえば，教師による支援だけではなく，周囲の児童たちも追加的に支援しようとすることによって，対象児童が煩わしさを感じて素直に支援を受け取れなくなるようなケースである。

　そして同調行為のジレンマの問題性は，対象児童の素直な反応が阻害されること以外にも存在していた。その1つは，周囲の児童によって引き起こされる事態であるため，教師のコントロールが及びにくいという問題である。そしてより深刻なのは，必ずしもこのジレンマの存在は当事者たちに気づかれておらず，教師も周囲の児童たちも，この事態は対象児童のわがままのせいで生じていると理解しがちであり，そのため，ジレンマが解消されづらいという問題である。

　以上のように，データを整理することによって，そこに見られる矛盾や断絶，多様性や多面性などから，解明すべき不思議をとらえる手がかりを発見し，分析を進めていくのである。

3.　先行研究とデータ分析

（1）先行研究の必要性

　データがどのような意味を持ちうるか，どんな問題と関係していそうかなど，さまざまな可能性に気づくことができるかどうかは，自分自身が持っている知識の量にも大きく依存している。

　そのため，データを自分の持っていない知識や，自分とは異なった観点から見る視点を獲得する手段の１つとして，他者と話をすることが効果的である。自分にとって自明のことは気づきにくいが，他者にとっては自明ではないため，これまでとは違ったアプローチを発見できる可能性がある。それに加え，他者に話をすることは，自分自身の頭を整理することにもつながるので，そのような意味においても推奨される。

　それと平行して，自分自身にも多くの知識を蓄えていかなければならない。そのため，調査を行いながら，先行研究を読む作業も進めていくことが必要である。

　調査のなかで新たなことが見えてきたならば，調査以前に読んだものとは異なったテーマの先行研究に当たる必要も出てくる。調査によって問題の構造化が進み，立てる問いが変化していけば，参照すべき先行研究も変わっていくのである。

　あるいは，すでに目を通した先行研究であっても，調査前と調査中，あるいは調査後では，着目するポイントが変化することで，読み方が変わる可能性がある。そのため，検討を終えた先行研究についても，いま一度読み返してみるといいだろう。

（2）先行研究の選定

　また，何を先行研究とするのかということ自体についても，次の点に

留意する必要がある。すなわち，問いに応じて先行研究を参照すべきところを，領域に応じて参照してしまうという誤解である。これは，先行研究が見つからないと訴える学生にも少なからず見られる。たとえば，自分がずっと取り組んできたスイミングスクールの指導について卒業論文で考えたいという学生が，なかなか先行研究が見つからないというので話を聞いたところ，「スイミングスクール」というキーワードに，「小学生」や「指導」などの言葉を組み合わせて検索したけれども，参考になりそうなものがあまりないというのである。

　この場合，「スイミングスクール」という領域は，いわば「土俵」であって，その土俵上でどのような取り組み相手と戦うのか，つまりどんな問いを探究するのかという問題とは異なるのである。たとえば，身体的な動きの指導のあり方という問いであれば，水泳だけではなく，さまざまなスポーツはもとより，バレエやピアノなども視野に入ってくる可能性がある。あるいは，水泳に絞ったとしても，日本の学校水泳との比較や，外国における水泳のあり方との比較といった問いも考えられるだろう。あるいは，身体的な動きの指導を問いにしたとしても，座学なども含めたさまざまな指導と比較したときに，身体的な動きの指導はどういった特徴を持つと言えるのかを探究することもできるし，歴史的にどう変化してきたのか，その変化はどのような要因で生じたのかなど，歴史研究をすることもできる。さらには，スイミングスクールにおける指導に焦点を絞った場合も，生涯スポーツとして幅広い年齢層による学習の一環として考察することや，障害者スポーツという観点からそのあり方を探究することも可能だろう。

　1つの研究であっても，複数の視点を組み込んで探究していくことはよくあることである。複眼的に問題をとらえ，問題の構造をより深く把握するためにも，いくつかの側面から先行研究を検討し，それをデータ

の分析に生かしていくことを推奨する。

（3）先行研究への位置づけ

　先行研究の検討は，自分の研究の位置づけを明確にするためにも重要である。つまり，先行研究では何がどこまで明らかになっているのか，そして，乗り越えられるべきポイントはどこなのかを明らかにしたうえで，自らの研究はそこに何を付け加え，そのことには学問的にどのような意味があるのかをきちんと説明しなければならないのである。

　しかし，論文を読んでいると，調査から導き出した知見や，知見を詳細に図示したものなどについて，どこに新奇性があるのかが分かりにくいものがしばしば見られる。自分の研究の意義を明確に伝えるためにも，先行研究にしっかりと位置づける必要がある。

　また，先行研究の空白を埋めたという位置づけ方がなされる場合も見られるが，埋めたことにどのような意味があるのか，あるいは，研究がどんな新しい地平を切り開いたことになるのかが分かるように説明しないと，きちんと位置づいたことにならないことに留意したい。

　とはいえ，先行研究の検討がきっちり終わってから分析を進めなければならないわけではない。誤解を恐れずに言うならば，むしろ論文の結論が見えてくることで，何が先行研究なのかが明確になるのである。もちろんさまざまな先行研究に目を通しておかねばならないのは言うまでもない。しかし，実際の研究は，答えがおぼろげながら見えてくることで，問いが明確化し，それに対応して，これまで検討してきたどの研究を先行研究とすべきかが決まるという形で進行することが少なくない[1]。そのため，あまり焦らずにじっくりと先行研究にあたるようにしたい。

---

[1] ただし，論文を書くときには，そのように研究が進行したとは書かない。

4. 理論とデータ分析

（1）データへのスタンス

　データの分析が進むにつれて，それぞれのデータの意味を理論的に考えていく作業（解釈）も進行していく。

　しかし，データの解釈に先立って考える必要があるのは，そもそもデータにどう向き合ったらいいかということである。たとえば，聞き取り調査で語られた内容や，観察調査で聞いた発言の内容は，「事実」[2] として扱うのだろうか。たとえば，語られた内容が事実である蓋然性の高いものもあるだろうが，過去のできごとや，自分以外の人物の行為について語ったことなどは，すべてを事実としてみなすことには無理があると言えるだろう。データのそのような側面に留意すると，発言の内容を単純に事実としてとらえることは難しい。

　データの性質をどうとらえるかは，理論的な立場によって実は異なっている。岸（2016）は，生活史の語りを「事実」として解釈するか，「物語」として解釈するかという立場の違いを紹介するなかで，そのどちらでもない，語りを社会的構造や歴史のなかに位置づけながら，語った人の「経験の総体」として解釈する立場に立つと主張している。つまり，発言の内容は，社会のなかで，それぞれの人が事実をどう経験しているのかを示すもの，あるいは，それぞれの人が事実をどのようなものとして解釈しているのかを示すものとしてとらえるということである。

　このように考えるならば，同じ状況のなかにいたとしても，人によって経験された事実はそれぞれ異なっていることになる。たとえば，同じ教室のなかにいたとしても，教師にとっての事実，生徒Aにとっての事実，生徒Bにとっての事実が，それぞれ違っていることになる。しかしそれは，結局のところ，事実など存在しないというニヒリズム的な状況

---

[2]　そもそも事実とは何かという点まで踏み込んで考える余裕はないので，ここではそこまでは扱わない。

を示しているのではなく，そのような複数の事実がせめぎあいながら，その場の状況が共同的に形作られていることを示していると考えられるだろう。

　以上のように，データへのスタンスをどのようなものとするのかをきちんと定めておくことは，データについて一貫した分析や解釈をするために必要なことである。

（2）理論的枠組み

　探究しようとしている社会的現象を，どのような理論的枠組みによってとらえるかを明確にすることで，分析が進めやすくなる。

　ここで言う理論的枠組みとは，社会をどのようなものとしてみるのか，その基本的なとらえ方のことである。たとえば，さまざまな要素が互いに連携しながら，全体としてうまく社会を動かしているとみるのか（機能主義），さまざまなグループの対立とせめぎ合いの過程として社会が動いているとみるのか（葛藤理論）では，データ分析の方向性が大きく異なる可能性がある。

　理論的枠組みの役割について，具体的な研究例をもとに検討しよう。学校において社会的な不平等がどのように生じているのかを探究した藤田（1996）は，日本の小学校と中学校のフィールドワークによって得られたデータを文化的再生産論[3]という理論的枠組みを用いて分析した。

　なお，文化的再生産論とは，次のような社会理論である。学校で教えているのは，高い社会経済的地位と結びついた正統的文化であり，その文化を家庭ですでに身につけていることは学校で有利に働く。現代社会では，学校でいい成績を収めて高い学歴を取得することによって社会経済的地位を獲得するのであるから，学校は，正統的文化の伝達を通して社会経済的地位の再生産に荷担している。

---

[3]　文化的再生産論の詳細についてはブルデュー＆パスロン（1991）を参照。

　この文化的再生産論という枠組みから日本の学校を見ることで，新たな日本の学校の姿を明らかにすることが藤田の研究の目的である。つまり，理論的枠組みというのは，いわばメガネのようなものであり，そのメガネをかけることによって，これまで見えなかったものを明らかにするのである。

　では，文化的再生産論という枠組みを通して，どのような学校の様相が垣間見えてきたのか。それは，小学校では多面的な学力を主眼とし，中学校では受験に対応できる学力を目標とするという，それぞれの文脈に応じた対照的な教育方法を採用しているが，結果として双方とも不平等の再生産に寄与してしまっている点で共通しているというアイロニーである。つまり，文化的再生産論という枠組みから，改めて小学校と中学校の違いが明確になるとともに，その違いのなかで双方がどう文化的再生産にかかわっているのかが浮き彫りになったのである。

　このように，理論的枠組みはデータを分析する強力なツールになり得る。しかし，1つ注意するべきことがある。それは，その理論で説明されるような事態がここでも生じていると報告するだけの研究にならないようにするということである。

(3) データの解釈

　データの意味を理論的に考える「解釈」の作業は，1つのデータについてあれこれと考えることだけではない。それよりもむしろ，解釈とは，複数のデータの関係を合理的にどう説明できるかを考えることである。

　私たちの通常の生活でも，ある人物の発言がどういう意味だったのか，いくつもの可能性を検討することがあるだろう。それを1つに定めるためには，その発言以外の情報が必要である。多くの情報が集まるこ

とによって解釈の可能性の幅が狭められ，意味が確定していくことになる。矛盾があったり，対立があったりするような多くのデータ 1 つひとつについて考えるというよりも，それらを貫く合理的な説明を探すことが解釈なのである。

　そして，データの解釈を通して，探究している社会的現象と，その成り立ちや仕組みについて，データに根ざした説明（＝理論）を構築することが，分析の最終的な目標である。

　構築した理論を分かりやすくするために，分析の段階で生成したキーワードなどを並べ，それらを矢印でつなぎ合わせるなどした図を示したものを見かけることが多くある。図示すること自体にまったく問題はないが，そのような図をつくる際に留意すべきことがある。というのは，種類の異なるカテゴリーや，論理階梯の異なるカテゴリーなどが並立的に配置されているために，相互の関係がよく分からないものがあったり，図示されたカテゴリー同士をつなげている矢印がどのような働きをするのか不明なものがあったりするからである。

　たとえば，第 7 章では，静的な構造を示すカテゴリーと，変化を駆動する役割を示すカテゴリーという，性質の異なるカテゴリーがあることを指摘したが，性質の異なるカテゴリー同士を矢印でつなげたならば，何を示しているのか分からなくなってしまうだろう。

　あるいは，性質が同じ者同士を矢印でつなげていたとしても，その矢印が「影響力を与える」という意味なのか，「時間的な推移」を示しているのか，「段階の違い」を表しているのかなど，さまざまな意味を表しうるが，それを明確に示す必要がある。図中の矢印が，ものによって違う意味を表しているようなケースは，ますます混乱を深めてしまうため，慎重に図を作成しなければならない。

5. 分析の深化に向けて

　石岡（2016）は，調査者自身の従来の「ものの捉え方」によって調査データを見るのではなく，従来の「ものの捉え方」を手放し，バージョンアップすることが重要だと主張する。分析を通して自分自身のものの見え方が更新されたときこそが，分析がうまくいったときなのである。

　そのためには，調査データの海におぼれてしまうことのないように，先行研究などに関する抽象的な理論的思考と，具体的なデータとの往復運動をする必要がある。また，地道なデータの整理などをしていくことも，いつか訪れるだろうひらめきのために大切な作業である。

参考文献

P. ブルデュー& J. C. パスロン，1991，『再生産〔教育・社会・文化〕』（宮島喬訳）藤原書店。
藤田武志，1996，「小・中学校比較研究試論　―フィールド・ワークに基づく社会学的考察―」『学校教育学研究』第11号，pp.79-91。
長谷川峰史，2008，「通常学級における特別支援教育に関する一考察　―学級担任による児童への働きかけの困難性に着目して―」上越教育大学大学院修士論文。
石岡丈昇，2016，「参与観察」岸政彦他『質的調査の方法　―他者の合理性の理解社会学―』有斐閣，pp.95-153。
岸政彦，2016，「生活史」岸政彦他『質的調査の方法　―他者の合理性の理解社会学―』有斐閣，pp.155-240。
山本雄二，1985，「学校教師の状況的ジレンマ　―教師社会の分析に向けて―」『教育社会学研究』第40集，pp.126-137。

学習課題

1．当たり前の日常の風景のなかに不思議を見つけてみよう。
2．いま自分の探究している課題について，3つの異なった側面から先行研究を探してみよう。
3．同じ状況やできごとについて，機能主義と葛藤理論など，異なった理論的枠組みを用いるとどう違って見えるか考えてみよう。

9 | 調査の分析例（1）
〜公的統計などから見る日本の教育

藤田　武志

《目標＆ポイント》　現代日本の教育の状況について，公的統計や大規模な統計調査などを利用して概観する。公的統計などの数値をそのまま利用したり，加工したりしながら，教育について描き出す手法を具体的に学習する。
《キーワード》　児童生徒数，学校数，地域格差，性別による格差

1. 学校の現状

（1）児童生徒数

　学校に通う子どもたちは，現在の日本にどのくらいいるのだろうか。文部科学省の平成30年度学校基本調査によれば，幼稚園児が1,207,884人，小学生が6,427,867人，中学生が3,251,670人，高校生が3,235,661人となっている（表9-1）。

　これらの数値で覚えておくといいのは，同一学年の子どもがどのくらいいるのかということである。子どもに関するさまざまな数値を耳にしたときに，それが全体のなかでどのくらいの割合のことなのか，ざっと計算することができるからである。そこで，小学生から高校生までの合計人数を，それぞれの学校の学年の数で割ってみた。表9-1の「一学年概数」に示したように，現在の日本の同一学年の子どもは，およそ100万人強である。またこの数値からは，学校教育が，小学生から高校生まで12学年の1200万人以上を対象にしている巨大な事業であることも分かるだろう。

　表9-1には，設置者別割合も示されている。それは，国立や公立，私立の学校に通う児童生徒がそれぞれどのくらいいるのかを表している。幼稚園は圧倒的に私立が多いのに対し，小学校と中学校はほとんどが公立である。高等学校になると私立が多くなるが，それでも3割強にとどまっている。一握りのエリート大学に入学するような国立や私立の小学校や中高一貫校の出身者は，そこに至る道筋においてもかなりの少数派なのである。

表9-1　設置者別在籍児童生徒数（平成30年度学校基本調査）

		計	男	女	設置者別割合	一学年概数
幼稚園	計	1,207,884	612,122	595,762	－	－
	国立	5,330	2,608	2,722	0.4	
	公立	186,762	95,674	91,088	15.5	
	私立	1,015,792	513,840	501,952	84.1	
小学校	計	6,427,867	3,288,883	3,138,984	－	1,071,311
	国立	37,837	18,819	19,018	0.6	
	公立	6,312,251	3,236,236	3,076,015	98.2	
	私立	77,779	33,828	43,951	1.2	
中学校	計	3,251,670	1,662,468	1,589,202	－	1,083,890
	国立	29,639	14,950	14,689	0.9	
	公立	2,983,705	1,533,022	1,450,683	91.8	
	私立	238,326	114,496	123,830	7.3	
高等学校	計	3,235,661	1,633,989	1,601,672	－	1,078,554
	国立	8,579	4,351	4,228	0.3	
	公立	2,184,920	1,098,030	1,086,890	67.5	
	私立	1,042,162	531,608	510,554	32.2	

表9－2 都道府県別1学校あたり児童生徒数（平成30年度学校基本調査）

小学校

	学校数	児童数	1学校あたり児童数
合計	19,892	6,427,867	323.1
神奈川	888	461,304	519.5
東京	1,332	609,512	457.6
埼玉	817	372,763	456.3
大阪	1,004	438,974	437.2
愛知	976	416,159	426.4
千葉	803	315,874	393.4
福岡	741	281,424	379.8
兵庫	764	290,093	379.7
静岡	508	192,601	379.1
沖縄	271	101,279	373.7
・	・	・	・
山形	252	53,308	211.5
福井	200	41,801	209.0
青森	287	58,394	203.5
福島	448	90,011	200.9
岩手	316	59,253	187.5
徳島	192	35,645	185.7
和歌山	255	46,029	180.5
鹿児島	517	91,129	176.3
島根	203	34,801	171.4
高知	233	33,127	142.2

中学校

	学校数	生徒数	1学校あたり生徒数
合計	10,270	3,251,670	316.6
神奈川	477	225,555	472.9
愛知	444	206,910	466.0
大阪	525	225,305	429.2
埼玉	446	186,891	419.0
千葉	402	157,979	393.0
滋賀	106	40,961	386.4
兵庫	387	145,111	375.0
東京	804	300,085	373.2
福岡	367	134,450	366.3
香川	76	26,389	347.2
・	・	・	・
徳島	89	18,534	208.2
山口	166	34,467	207.6
秋田	115	23,034	200.3
青森	162	32,137	198.4
岩手	164	31,732	193.5
長崎	189	36,501	193.1
鹿児島	238	45,395	190.7
和歌山	131	24,480	186.9
島根	100	17,596	176.0
高知	129	17,432	135.1

高等学校

	学校数	生徒数	1学校あたり生徒数
合計	4,897	3,235,661	660.7
埼玉	194	175,655	905.4
愛知	221	197,385	893.1
神奈川	235	206,716	879.6
大阪	260	226,957	872.9
千葉	183	150,698	823.5
福岡	165	130,736	792.3
東京	429	314,385	732.8
静岡	138	98,846	716.3
沖縄	64	45,721	714.4
栃木	75	53,276	710.3
・	・	・	・
長崎	79	37,694	477.1
鳥取	32	15,033	469.8
福島	111	50,924	458.8
青森	77	34,902	453.3
北海道	280	125,164	447.0
秋田	54	23,947	443.5
山口	79	33,868	428.7
岩手	80	33,689	421.1
高知	47	19,060	405.5
島根	47	18,590	395.5

　全体的な子どもの数は分かったが，次に，子どもの立場から考えてみよう。学校に入学したら，どのくらいの友だちと出会うことになるのだろうか。そのような歌もあったが，ここでは，各都道府県の児童生徒数を学校数で除し，1学校あたりの児童生徒数を求めてみることにしよう。

　表9-2は，学校段階別に1学校あたりの児童生徒数の多い地域と少ない地域をそれぞれ10ずつピックアップしたものである。表から分かるように，大都市を抱える都府県はやはり1学校あたりの児童生徒数も多い。それに対し，学校の規模が小さいのは，東北や九州，四国あたりの県に多い。

　特に小学校については，1学校あたりの児童数が少ない県の数値を，学年の数である6で割ると，その商は40に満たない。それは，いずれの学年も1学級しかない小規模の学校であることを示している。

　中学校と高等学校では，小規模な学校も小学校ほどは小さくないが，中学校で最大約3.5倍，高等学校で最大2.3倍程度の差があることからは，やはり規模の大きい地域と小さい地域では，学校経験が大きく異なっている可能性がある。画一性が高いと思われている日本の教育は，必ずしも一様ではないのである。

　児童生徒数という大まかな数値であっても，細かく分類し，比較することで，いろいろなものが見えてくる。その際には，目的に応じて自分で数値を加工してみることも有効である。

（2）学校数

　学校によって生徒数が異なり，その様相も地域によって違っていることが分かったが，学校に焦点を当ててさらに詳しく調べてみよう。学校基本調査では，児童生徒の人数別に学校数を調査している。つまり，あ

る地域に，規模の小さい学校と大きい学校がそれぞれどのくらいあるのかが分かるのである。

　中学校を例に，地域別に学校規模の分布を見たのが図9−1から図9−4である。これらは，生徒数を100人ずつに区切り，それぞれの規模の中学校の数が，学校全体のなかでどのくらいの割合を占めているかをパーセンテージで示した棒グラフである。なお，グラフのなかに在籍者が0人という学校があるのは，現段階では0人であるが，将来的に入学者が見込まれる場合など，廃校にせずに学校を存続させているケースなどが該当している。

　図9−1は，大阪府の分布を示している。そこそこの規模の学校がいちばん多く，それ以外の規模の学校は次第に少なくなる富士山のような

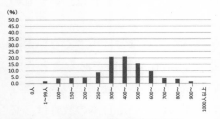

図9−1　生徒数別学校数の割合
　　　　（大阪府）

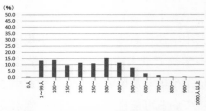

図9−2　生徒数別学校数の割合
　　　　（宮城県）

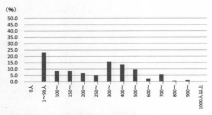

図9−3　生徒数別学校数の割合
　　　　（岐阜県）

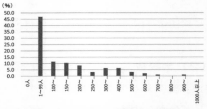

図9−4　生徒数別学校数の割合
　　　　（島根県）

形の分布は，人口規模の大きな地域でよく見られる。それに対し，**図 9-2**の宮城県は，小さい規模から大きな規模までまんべんなく分布している。この地域には大きい町から小さい町まで多様に存在していることがうかがわれる。

　図9-3は，岐阜県のグラフである。ごく小規模の学校の部分と，1学年3〜4クラス程度の規模の学校の部分が大きい，ふたこぶラクダのような形状をしている。人口規模の小さい地域と，人口の多い都市部とに二分されているような地域であることが分かる。最後の**図9-4**は島根県であり，ごく小規模の学校が圧倒的に多いところに特徴がある。最近では，小規模の学校が多い形の分布を描く地域は少なくない。

　以上のように，どのような学校規模の学校がどのくらいあるのかについても，地域によって大きな違いがある。単に数値を眺めるだけではなく，グラフとして描出することで，その違いが明瞭になる。今回，そのようにして見えてきた違いは，それぞれの地域の地理的な特徴を色濃く反映したものであった。

2. 進学の現状

　日本は受験競争が激しいというイメージがある。その点について，大学受験を題材にして検討しよう。

　大学等進学率は学校基本調査で示されている。大学等進学率は，当該年度の高等学校卒業者に占める大学等への進学者の割合から算出されたものである[1]。

　大学等進学率に限らず，公的統計を参照する際に注意すべきなのは，算出の仕方の詳細をきちんと確かめることである。そこで，この場合，「大学等」が何を示しているのかを確認してみると，「大学（学部）」「短

---

[1]　この数値は，計算方法からも分かるように，現役で大学等に進学する割合を示したものである。大学・短期大学入学者などを分子に，3年前の中学校卒業者等（18歳人口）を分母にした，浪人生を視野に入れた別の計算方法もある。

期大学（本科）」「大学・短期大学の通信教育部」「大学・短期大学（別科）」「高等学校（専攻科）」「特別支援学校高等部（専攻科）」というように，「大学」としてイメージされるもの以外も含まれている。もちろん，そのこと自体にはまったく問題はないものの，公的調査を利用する場合には，データがどのようにして集められたのか，あるいは，数値がどのように加工されて算出されたのかを確かめておく必要がある。

　実際，文部科学省の算出した，平成30年度の大学等進学率は54.7%であるが，進学先として「大学」と「短期大学（本科）」の２つだけを取り出して「大学・短大進学率」を計算し直してみたところ，54.2%であった。0.5ポイントほどではあるが，少なくとも違いがあることは確認できた。以下では，大学と短大だけに対象を絞った，この大学・短大進学率についてさらに検討していこう。

　先ほども地域による違いを見てきたので，大学・短大進学率についても地域で分類し，比較してみたい。表9-3に都道府県別の大学・短大進学率を示した。進学率の最大値は京都府の65.4%，最小値は沖縄県の39.5%であり，その差は25.9ポイントである。つまり，大学・短大進学率は地域によって異なっており，その差はかなり大きいのである。

　表9-3をもう少し詳しく探っていこう。先ほど見たのは，大学・短大進学率であった。それに加えて，表には大学進学者だけを対象にした四年制大学進学率も掲載してある。表のいちばん上にある合計の数値を見てみると，四年制大学進学率は49.6%であり，短期大学への進学者を抜いた分だけ減少している。

　四年制大学進学率の地域差も見てみると，先ほどと地域が異なり，最大値は東京都の62.4%，最小値は鹿児島県の32.4%である。その差は30ポイントと，興味深いことに大学・短大進学率の地域差よりも大きい。では，このような進学率の地域による違いに影響している要因につい

表９−３　都道府県別大学・短大進学率（平成30年度学校基本調査）（％）

	大学・短大進学率	四年制大学進学率			女子−男子
		合計	男子	女子	
合計	54.2	49.6	50.8	48.4	−2.3
北海道	45.1	40.0	44.5	35.4	−9.1
青森	45.6	40.5	41.8	39.1	−2.7
岩手	43.6	38.7	39.1	38.2	−0.9
宮城	49.0	44.7	46.4	42.9	−3.5
秋田	45.1	38.9	39.7	38.0	−1.7
山形	44.6	38.9	39.8	37.9	−1.9
福島	45.7	39.8	42.5	37.1	−5.4
茨城	50.1	47.4	48.5	46.4	−1.8
栃木	52.5	48.0	49.8	46.1	−3.7
群馬	51.9	46.5	47.2	45.7	−1.5
埼玉	56.9	52.7	55.0	50.2	−4.8
千葉	55.5	51.9	53.6	50.2	−3.3
東京	64.6	62.4	59.7	65.1	5.4
神奈川	60.9	57.0	58.4	55.7	−2.7
新潟	45.5	41.0	43.9	38.0	−5.9
富山	51.1	44.4	45.4	43.3	−2.2
石川	54.6	48.6	50.0	47.2	−2.8
福井	56.3	50.7	52.9	48.5	−4.5
山梨	57.2	51.9	55.3	48.1	−7.2
長野	47.7	39.5	40.9	38.0	−2.9
岐阜	55.5	48.6	52.0	45.2	−6.8
静岡	52.8	48.5	51.5	45.5	−5.9
愛知	57.9	53.7	55.2	52.2	−3.0
三重	50.2	45.0	47.0	42.8	−4.2
滋賀	54.6	48.5	51.5	45.4	−6.1
京都	65.4	60.5	61.3	59.7	−1.6
大阪	59.3	53.8	56.4	51.3	−5.1
兵庫	60.4	56.0	55.5	56.6	1.1
奈良	57.6	52.8	54.1	51.5	−2.6
和歌山	47.4	42.1	44.5	39.8	−4.7
鳥取	43.4	35.6	35.2	35.9	0.7
島根	46.4	41.2	42.1	40.2	−1.8
岡山	50.1	45.8	45.5	46.0	0.5
広島	60.4	56.8	57.2	56.4	−0.9
山口	43.0	37.8	37.9	37.6	−0.3
徳島	51.4	46.8	45.3	48.3	3.0
香川	50.7	45.1	45.5	44.7	−0.8
愛媛	52.5	46.6	48.7	44.5	−4.2
高知	45.8	39.6	40.2	39.0	−1.2
福岡	52.3	47.1	48.3	46.0	−2.3
佐賀	43.7	39.1	40.3	37.9	−2.4
長崎	43.9	39.5	39.7	39.2	−0.5
熊本	45.0	41.4	41.8	41.0	−0.8
大分	45.4	37.7	40.1	35.4	−4.7
宮崎	43.5	37.8	39.4	36.3	−3.1
鹿児島	40.3	32.4	35.4	29.4	−6.0
沖縄	39.5	35.7	36.9	34.5	−2.4

て，どのように探っていけばいいだろうか。

　考えられる要因としては，やはり大学進学にかかわる費用負担が考えられる。進学するには家庭の経済的余裕が必要だからである。そこで，各都道府県の四年制大学進学率と一人あたり県民所得[2]とを関連させて検討してみることにしよう。

　縦軸に進学率，横軸に県民所得をとって，散布図を描いたものが図9-5である。1つ1つのドットが都道府県を示している。ドットの分布は全体的に左上がりになっており，やはり県民所得が高い都道府県ほど，進学率が高い傾向にあることが見てとれる。ちなみに，県民所得と進学率の相関係数を計算すると0.652となり，両者の関係は比較的強いと言えるだろう。

　進学率と所得との関係には，それ以外の要因も関連している可能性がある。たとえば，四年制大学進学率の高い地域には大学の数も多い。平成30年度学校基本調査によれば，進学率トップの東京都には138校，2位の京都府には34校，3位の神奈川県には30校の大学がある。一方，進学率のいちばん低い鹿児島県には6校，2位の鳥取県には3校，3位の宮崎県には7校と，県内にある大学の数はそれほど多くはない。しかも，近隣の県についてもそれは同様である。つまり，進学率の低い地域では，所得は相対的に低いにもかかわらず，近くにある大学の数は多くないのであり，より広い選択肢から進学先を選ぶには自宅から離れる必要があるため，余計に費用がかさむという不利が重なった状況にあるのである。このことも進学率を下げる方向で影響を与えているだろう。

　このように，進学率を中心にして，さまざまな数値と関連させてみることで，進学率に影響を与える要因を探っていくことができる。

---

[2]　内閣府のウェブサイトを参照。
https://www.esri.cao.go.jp/jp/sna/sonota/kenmin/kenmin_top.html

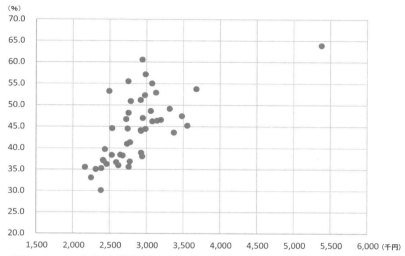

図9-5　4年制大学進学率と一人あたり県民所得（平成27年度）

3. 性別と教育の現状

（1）進学率の性差とその要因

　表9-3をもう一度見てみよう。そこからは，性別による進学率の違いというもう1つ重要な格差が分かる。

　その点について考えるため，四年制大学進学率については，男女別の数値を示してある。性別による格差を確かめるために，女子の進学率から男子のそれを引いた値を「女子-男子」の欄に掲載した。その値は，ほぼすべての地域でマイナスになっており，概して男子の進学率の方が高いことが分かる。

　また，表のいちばん上の合計の部分では，女子から男子の進学率を引いた数値は-2.3ポイント程度であるが，男子との格差が大きいところ

に着目すると，北海道の−9.1ポイントを筆頭に，−7.2の山梨県，−6.8の岐阜県など，−5ポイント以上の差がある地域が9つある。その一方で，数値がプラスになるような，女子の進学率の方が高い地域は5.4ポイントの東京都，3.0の徳島県，1.1の兵庫県など，5つの都県が該当するが，必ずしもその数値は大きくない。

　では，女子の四年制大学進学率が男子よりも低い水準にとどまりがちであるのはどうしてだろうか。大学進学率自体には経済的な要因が影を落としていたことから，ここにも同様の要因が考えられる。では，その点について，どのように探っていけばいいだろうか。

　藤村（2012）は，保護者が子どもに受けさせたいと考えている教育の水準（進学期待）に対する家庭の所得の影響について，男女別に比較しながら検討している。図9−6は，保護者の四年制大学への進学期待を，本人の成績別にプロットしたものである。

　まず，左側2つの所得階級別の結果を見てみると，男女とも，いずれの成績においても，所得階級が高くなるにつれて進学期待の割合も高まることが分かる。しかし，所得階級や成績が同じであったとしても，男子よりも女子の方が進学期待の割合が全体的に低い。

　次に，右側2つのキョウダイ数の結果を見てみると，キョウダイ数が増えると，進学期待の割合が低くなる傾向が男女とも共通している。そして，所得階級の結果と同様，成績とキョウダイ数が同じであっても，女子の方が男子よりも進学期待が低いのである。キョウダイ数が多くなると生活費や教育費などの経費もかさむため，これも経済的な要因の影響だと考えられる。

　これら2つの結果から分かることは，大学進学について，経済的な問題は，女子に対してより大きな影響を与えることである。このように，男女別の比較やキョウダイ数への着目によって，経済的な要因が大学進

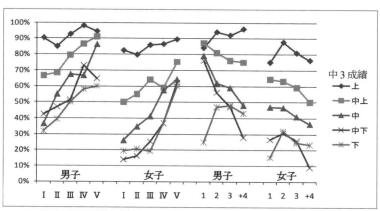

（Ⅰ≦450万、450万＜Ⅱ≦600万、600万＜Ⅲ≦800万、800万＜Ⅳ≦1000万、1000万＜Ⅴ）

図9-6　所得階級とキョウダイ数から見た保護者の四年制大学進学期待
（藤村2012）

学にどうインパクトを与えるのか，その一端が理解できるようになった
ことは興味深い。問いを追究する手がかりを得るため，分析の方法を工
夫する必要がある。

（2）大学教育に関連した性差とその背景

　大学教育に関わる性差の問題は，進学率以外にどのようなものがある
のだろうか。よく問題にされるのは，進学する分野の偏りである。通俗
的には，男子向きの分野と女子向きの分野があるので，進学先の学部や
学科などは性別によって異なるものだと理解されるような，性別に関す
るステレオタイプの問題である。その点について，経済協力開発機構
（OECD）のデータで確認してみよう。

　表9-4は，OECDの主要国を中心に，大学等の卒業者に占める女性
の割合を専攻分野別に比較したものである。そこからは，いずれの国も

多かれ少なかれ，分野によって女性の割合が偏っていることが分かる。しかし，日本が他の多くの国々と特に異なるのは，工学や科学といった理系の分野の女性の割合が非常に小さいこと，その逆に，サービス分野には極端に多いこと，社会科学の分野の割合が少ないことなどである。このことからは，日本では，女性向きの分野に関するステレオタイプが強く，それが女性の進路選択に大きく影響していることが分かる。

　このような分野の偏りにはどのような背景があると考えられるだろうか。進路選択に影響を与える要因として，将来の見本となるロールモデルの存在がある。学校の教員もロールモデルの1つだと考えられる。そこで，学校にはどのような教員がいるのかを確かめてみよう。

　表9-5は，中学校の教員について，取得している教員免許状の教科

表9-4　大学・大学院の専攻分野別卒業者に占める女性の割合（2011年）（%）

	合計	教育	人文学	健康，福祉	社会科学，ビジネス，法律	サービス	工学，土木建築	科学	農業
オーストリア	53.7	79.2	68.0	68.0	56.3	42.6	25.0	35.9	63.4
ベルギー	55.0	75.3	65.4	66.5	58.4	41.1	25.7	35.9	57.5
フィンランド	61.3	81.2	73.7	85.3	65.3	68.2	22.4	44.7	60.1
フランス	54.5	77.1	71.3	61.3	60.7	43.7	30.4	37.6	56.1
ドイツ	54.5	72.6	72.8	69.1	53.8	53.5	22.1	43.8	53.7
イタリア	60.5	87.6	73.6	67.6	58.5	65.7	33.0	53.9	47.3
日本	41.9	59.5	68.9	56.8	35.4	90.9	11.2	25.7	39.3
韓国	47.3	70.6	66.8	65.3	44.2	36.2	23.8	40.0	40.2
オランダ	56.9	80.0	56.7	74.7	53.6	52.3	20.1	25.3	56.0
ポルトガル	60.4	81.5	60.3	78.9	62.4	49.5	31.2	55.1	57.4
スペイン	58.9	74.1	63.5	75.6	60.3	53.5	32.1	43.2	50.1
スウェーデン	63.8	79.3	62.3	82.4	60.6	49.3	30.4	43.1	58.5
イギリス	55.1	75.8	62.1	73.7	54.4	62.2	22.6	37.4	65.3
アメリカ	57.7	77.8	58.8	79.3	54.3	54.9	21.8	43.3	50.8
OECD 平均	58.0	77.1	66.0	74.8	57.6	52.9	27.1	41.3	54.2

（OECD Education at a glance 2013）

の割合を示している[3]。男性は社会，数学，理科が多いのに対し，女性は国語と英語が多いというように保持している免許が大きく偏っている。そして，この傾向は，表9−3で見た大学の専攻分野の偏りと一致している。学校のなかでは，ロールモデルとなるような，社会や理科の教科で活躍している女性教員に出会う確率が少なく，そのような分野は女性向きではないと，隠れたカリキュラムとして学ばれていると考えられるだろう[4]。

表9−5　免許状別教員構成（中学校）(%)

	計	男	女
国語	14.0	9.5	20.0
社会	13.8	19.2	6.3
数学	16.1	21.3	8.9
理科	13.4	17.6	7.5
音楽	4.7	2.2	8.3
美術	3.8	3.0	5.0
保健体育	12.9	15.8	8.8
保健	2.1	0.3	4.6
技術	4.2	6.9	0.5
家庭	3.5	0.4	7.9
職業	0.1	0.2	0.0
職業指導	0.0	0.1	0.0
英語	15.4	10.4	22.3
他外国語	0.3	0.2	0.4
宗教	0.1	0.1	0.1

平成28年度学校教員統計調査

[3]　2つ以上の種類の免許を持っている場合もあるので，合計が100％を越えている。
[4]　もちろんこれは全体的な傾向であって，私立の女子校などでは，卒業生が教員になっていることも多く，社会や理科の教師も女性であることが少なくない。

　女性教員の偏りは，担当教科だけに見られるものではない。学校段階
によって，女性教員の割合自体も異なっているのである。表9-6は，
OECDの主要国を中心に，幼稚園から大学まで，各学校段階における
女性教員の割合を示したものである。
　ここから分かるのは，いずれの国においても，学校段階が上がるにつ

表9-6　主要国における学校段階別の女性教員割合（2016）（%）

	幼稚園	小学校	中学校	高等学校	大学
オーストリア	98.6	91.7	72.3	55.2	42.1
ベルギー	96.6	82.1	63.5	62.7	48.3
フィンランド	97.3	79.4	74.1	59.6	51.7
フランス	89.2	83.2	59.8	58.7	44.4
ドイツ	96.2	87.1	66.7	53.8	39.1
ギリシャ	98.7	71.4	66.5	53.6	33.8
イタリア	98.9	95.9	77.1	63.5	37.0
日本	96.9	64.8	42.4	30.0	26.8
韓国	98.9	78.1	69.9	51.2	34.9
ルクセンブルク	95.7	76.0	53.6	54.2	35.3
オランダ	87.5	86.7	52.5	52.6	45.2
ポルトガル	99.1	80.6	71.9	68.7	44.5
スペイン	92.6	76.3	59.9	55.0	42.9
スウェーデン	95.4	76.9	76.8	53.4	44.5
イギリス	98.0	84.7	64.3	61.3	44.8
アメリカ	94.2	87.1	67.1	57.9	49.4
OECD加盟国平均	96.7	82.7	68.6	59.3	43.0

（OECD Education at a Glance 2018）

れて，女性教員の割合が低下していくことである。そのことは，小さな子どもの教育は女性の役割であるという隠れたメッセージとして受け取られる可能性が高い。しかし，日本の場合はそれに加えて，高校や大学のような高度な内容を教えるのは男性の役割であるという隠れたメッセージも伝達されていると考えられる。というのは，他の国に比べて，学校段階による女性の割合の減少が顕著であり，特に，大学については，諸外国では女性教員が4割以上いることが珍しくないのに対し，日本は約27％に過ぎないからである。

　また，同じ学校段階であっても，性別による格差が存在している。それは，管理職の性別の偏りである。表9-7は，教諭と校長の数と女性割合を示したものである。小学校は教諭の約65％が女性であるのに対し，校長の女性割合は約20％に留まっている。中学校や高校では教諭の女性割合も減少するが，校長の女性割合も7〜8％と非常に少なくなる。管理職などのリーダーは，男性の役割だというメッセージとなるだろう。

　学校教員の性別の偏りは，実は地域によっても大きく異なっている。表9-8は，教諭と校長について，都道府県別に集計した結果の一部を示している。上部に示されているのが女性の割合が高い地域，下部に位置しているのが女性の割合が低い地域である。

　ここから分かるのは，教諭についても，地域によって性別の割合が大きく異なっていることである。まして校長については，その違いに驚くほどである。画一的と言われる日本であるが，このような側面についても，地域によって子どもたちの学校体験は多様なのである。

　以上のように，既存の統計データを蒐集し，探究したいテーマに応じて加工しながら，分類，比較することで，多くのことを知ることができる。

表9-7　男女別の教員数と校長数（平成30年度学校基本調査）　　　（%）

	教諭数				校長数			
	計	男	女	女性割合	計	男	女	女性割合
小学校	312,701	111,885	200,816	64.2	19,267	15,489	3,778	19.6
中学校	190,749	107,531	83,218	43.6	9,165	8,553	612	6.7
高等学校	189,941	130,898	59,043	31.1	4,714	4,332	382	8.1

表9-8　教諭と校長の女性割合の多い地域と少ない地域
（平成30年度学校基本調査）　　　（%）

小学校				中学校				高等学校			
教諭		校長		教諭		校長		教諭		校長	
徳島	73.9	広島	39.1	徳島	54.1	広島	13.4	徳島	46.0	神奈川	17.7
高知	71.2	石川	36.2	高知	51.3	徳島	13.2	沖縄	45.3	高知	16.3
・	・	・	・	・	・	・	・	・	・	・	・
・	・	・	・	・	・	・	・	・	・	・	・
長野	56.3	鹿児島	9.5	北海道	36.6	愛媛	1.6	長野	24.4	宮崎	1.9
北海道	55.1	山梨	7.5	長野	33.4	山梨	1.2	北海道	20.1	山口	1.5

参考文献

藤村正司，2012，「なぜ女子の大学進学率は低いのか？　―愛情とお金の間―」広島大学高等教育研究開発センター『大学論集』第43集，pp.99-115。
朴澤泰男，2014，「女子の大学進学率の地域格差―大学教育投資の便益に着目した説明の試み―」『教育学研究』第81巻第1号，pp.14-25。
小林雅之，2008，『進学格差　―深刻化する教育費負担』筑摩書房。

学習課題

1．文部科学省のウェブサイトで学校基本調査を探し，どういった内容が調査されており，どのような結果が得られているのか，実際に見てみよう。

2．学校基本調査のデータをダウンロードし，エクセルなどの表計算ソフトを用いて，並べ替えたり平均値を出したりなど，自分なりにデータを加工してみよう。

3．OECDの「図表でみる教育（Education at a Glance）」では，日本についてどう分析されているのか，次の文部科学省のウェブサイトで各年の「カントリーノート」をみてみよう。

http://www.mext.go.jp/b_menu/toukei/002/index01.htm

10 | 調査の分析例（2）
～質問紙調査から中学校の授業の様子を確認する

西島 央

《目標＆ポイント》　中学校教員対象と中学生対象の質問紙調査の研究事例を
通して，教員の学習指導と生徒の学習の実態・特徴を分析・考察するととも
に，教員や児童・生徒を対象に質問紙調査を行う方法とその留意点を理解す
る。
《キーワード》　質問紙調査，クロス分析，授業，学習指導，学習，「主体
的・対話的で深い学び」，主体的・協働的な学習

---

1. 教員の学習指導と児童・生徒の学習の実態や特徴を確認するための質問紙調査の意義と留意点

　筆者が中学校や高校を訪問して先生方から学校の様子についてお話を
うかがっていると，「目の前の生徒の様子は把握しているつもりだが，
それが他の学校の生徒と比べてどう違うのか，日本全体ではどの辺りに
位置づくのかがわからないので，それを知りたい」と逆に問われること
がある。たしかに，教員数，児童・生徒数や進路状況といった学校に関
わる人の動きであれば，学校基本調査で調べることができる。学習成果
については，全国学力・学習状況調査やPISA等の国内外の調査研究が
ある。また，特定の教育内容や教育方法の効果に関する実験や調査，特
定の教育問題に関する調査なども，多くの教育諸学者によってさまざま
に行われている。
　しかし，なぜその教育内容や教育方法でうまくいく場合といかない場

合があるのか，なぜその教育問題が起きる場合と起きない場合があるのかといった，一人ひとりの児童・生徒，1つ1つの学級や学校の事情に照らしたときには，マクロな調査データや特定のテーマに特化した調査研究の成果をそのまま適用するのではなく，日々の学校生活の文脈に乗せて解釈し直さなければ，適切に教育実践の改善に活かしていくことはできない。だが，その「日々の学校生活の文脈」の実態や特徴については，上述のように学校現場でも案外わかっていないし，継続的な調査研究もあまり行われていないのが実状である。これでは，せっかくのマクロな調査データや特定のテーマに特化した調査研究の成果が学校現場に適切に反映されないままに終わってしまう。

　たとえば，2017年・2018年改訂の学習指導要領では，「主体的・対話的で深い学び」の視点に立った授業改善が求められたが，評判のよい授業改善策をやみくもに採り入れても期待どおりの成果は上がらない。その学級や学校に相応しい授業改善に取り組むには，現時点での教員の学習指導と児童・生徒の学習の実態を把握して，過去や近隣の学校や他の自治体と比較しながら，特徴と課題を分析・考察しておかなければならない。

　つまり，特定の教育内容や教育方法を採り入れたり教育問題の解決に取り組んだりして，よりよい教育実践に向けて改善していくためには，日頃から「日々の学校生活の文脈」の実態や特徴を調査しておくことも大切なのである。

　そのような調査は，なにも教育諸学者や統計的調査の専門家でなければできないわけではない。第3章，第5章，第6章で紹介した質問紙調査によって，教育委員会や教員，教育関係団体，大学生などの教育関係者でも行うことができる。

　ただし，教育諸学者や統計的調査の専門家ではない教育関係者が質問

紙調査を行う場合，国全体を対象とするような大規模調査は現実的ではない。1校または複数校の教員，ある学校の1学年または複数学年の児童・生徒を対象とするような小規模の調査や，ある自治体の学校の全教員や全児童・生徒，複数自治体の学校から抽出した学校（管理職）や教員や児童・生徒を対象とするような中規模の調査が想定される。

「日々の学校生活の文脈」を質問紙調査によって適切に捉えるためには，具体的に"どういう学校"の"誰"の，学校生活の"どの場面"について，"どのような実態や特徴"を確認したいのかを意識しながら，「蒐集・分類・比較」の手順を踏むことが大切である。その手順の基本となるのは次の3点である。

第1に，「日々の学校生活の文脈」のうち，"どの場面"について，"どのような実態や特徴"を確認したいのかを具体的に設定する。これは，第3章3節「調査の企画・設計のポイント」で紹介した調査テーマに基づいて調査内容を決めることにあたる。これによって，確認したい実態や特徴を明らかにできるような比較の分類軸が定まってくる。

第2に，第3章4節で紹介した「質問紙の作成」に取り組む。設定した調査内容に沿って具体的に質問項目を選定して，各質問項目に対応する質問文・回答文を作っていく。確認したい"場面"の"実態や特徴"を，調査対象者の回答から明らかにしていくためには，①"どの場面"の"どのような実態や特徴"について尋ねられているのか，調査対象者の誰もが一義的に読み取れる質問文を作ること，②比較の分類軸を考慮しながら回答文を作ること，とりわけ評定尺度で回答してもらう場合には，回答が散らばるように尺度の立て方に工夫をすること，の2点に細心の注意を払うことが求められる。また，児童・生徒に調査する場合は，その学年に応じて言葉遣いや漢字の使用にも十分気を配る必要がある。

　第３に，第３章５節で紹介した「サンプリング（対象の選定）」に並行して取り組む。まず，"誰"のという具体的な調査対象者を，比較の分類軸を考慮しながら設定する。教員なら，小学校教員と中学校教員の比較，年齢や教職経験年数の比較，性別比較，中学校や高校の教員の場合には担当教科間の比較などが考えられる。児童・生徒なら，小学生と中学生の比較，学年間の比較，性別比較などが考えられる。

　続いて，"どういう学校"のという調査対象の特性と範囲を，比較の分類軸を考慮しながら設定する。学校の立地する地域の自然環境や産業の状況，人口の多寡，学校規模などの特性をどこまで考慮して範囲を設定するか，調査規模との兼ね合いで決めていく。

　なお，教員や児童・生徒が対象の質問紙調査は多くの項目が個人情報であるから，調査対象者個人が特定されないように配慮する必要がある。具体的には，質問紙への回答が無記名であることと，調査結果の発信にあたって学校名が特定されないようにすることが基本である。また，第３章４節でも紹介したように，プライバシーに関わる質問項目をどこまで含めるかも十分留意することが求められる。特に，児童・生徒対象の調査の場合には，学術的には必要な項目であっても，教育上は望ましくないという社会的な認識が共有されていることもある。その場合は，調査対象校の仲介者や協力校の管理職と事前に協議しておくとよい。

2.「学習指導基本調査」「学習基本調査」の概要と進め方

　ここからは，「日々の学校生活の文脈」に関する質問紙調査の一例として，筆者も調査研究グループの一員として参加した「第６回学習指導基本調査」と「第５回学習基本調査」の２つの調査を用いて，中学校の授業の様子を分析・考察していくことにしたい。なお，両調査の質問紙

142

のURLを章末に掲載したので，以下を読み進める際や質問紙調査を行う際にダウンロードして活用していただきたい（152ページを参照）。

（1）調査の概要

「学習指導基本調査」は，1997年よりほぼ5年おきに実施しており，2016年に第6回調査を行った。「学習基本調査」は，1990年よりほぼ5年おきに実施しており，2015年に第5回調査を行った。調査の概要は表10-1のとおりである。以下の分析の際に比較対象とする過去の調査についても，実施時期と調査規模を示しておく。

表10-1　「学習指導基本調査」と「学習基本調査」の概要

	学習指導基本調査		学習基本調査
第6回学習指導基本調査	①調査テーマ：小学校・中学校・高校における学習指導の実態と教員の意識。②調査方法：郵送法による質問紙調査。③調査時期：2016年8月～9月。④調査対象（中学校のみ提示）：全国の公立中学校の校長及び教員［配布数：校長票＝2000，教員票＝12000，有効回収数：校長票＝725，教員票＝3689］。⑤主な調査内容：指導観，児童・生徒に身につけさせたい力，心がけている授業方法，心がけている授業時間の使い方，総合的な学習の時間，宿題，学習計画の指導，校内研修，外部人材の活用，教員の勤務実態と意識，教育改革への賛否など。	第5回学習基本調査	①調査テーマ：小学生・中学生・高校生の学習に対する意識・実態調査。②調査方法：学校通しによる自記式質問紙調査。③調査時期：2015年6月～7月。④調査対象（中学校のみ提示）：全国3地域（大都市（東京23区内），地方都市（四国の県庁所在地），郡部（東北地方））の公立中学生［有効回収数：大都市＝810，地方都市＝884，郡部＝1005］⑤主な調査内容：教科の好き嫌い，授業の理解度，授業で好きな学習方法，授業での能動的な学習の経験，家庭学習の時間・内容・様子，日常生活の中の学び，通塾，学習上の悩み，家庭環境など。
以前の学習指導基本調査（比較分のみ）	①第1回調査：実施時期＝1997年，教員調査の規模＝938。②第5回調査：実施時期＝2010年，校長調査の規模＝573，教員調査の規模＝2827。	以前の学習基本調査（中学生調査のみ）	①第1回調査：実施時期＝1990年，調査規模＝2544。②第2回調査：実施時期＝1996年，調査規模＝2755。③第3回調査：実施時期＝2001年，調査規模＝2503。④第4回調査：実施時期＝2006年，調査規模＝2371。

（2）質問紙作成の工夫

「学習指導基本調査」を例に，質問紙の作成にあたってどんな工夫をしたかを少し紹介しよう。

「学習指導基本調査」では，授業の様子についてどのように尋ねればその実態や特徴を明らかにすることができるかという点で，次の2つの工夫をした（質問紙の4ページの $\boxed{4}$ ）。第1に，授業の"場面"を「授業時間の流れ」「学習内容の違い」「授業方法の違い」の3つの観点に分けて捉えることにした。これによって，授業のある1つの"場面"であっても，授業時間の流れではどこに位置づく場面か，学習内容としては何を目指した学習か，授業方法としてはどのように行っているかと複合的に捉えるとともに，回答者にとってはそれぞれの観点から一義的に答えることができるようになった。

第2に，回答のしかたについて，どのくらい時間をかけているかという事実で尋ねることもできたが，学習内容や授業方法によっては，それほど重視していなくても時間がかかってしまうものもあると考えられることから，どのくらい心がけているかという意識で尋ねることにした。また他の質問項目のように対称的な尺度を設定すると，「よくしている」に回答が偏ると考えて，「多くするように特に心がけている」「まあ心がけている」「あまり心がけていない」の3つのカテゴリーからなる非対称の3点尺度にしたうえで「特に」と強調した。これによって，教員がどのように授業に臨んでいるかという意識で授業の"場面"の特徴を捉えるとともに，回答を多少なりとも散らばらせることができた。

3. 中学校教員の学習指導と中学生の学習の実態や特徴
〜「学習指導基本調査」「学習基本調査」より

　2017年・2018年改訂の学習指導要領で求められている「主体的・対話的で深い学び」の視点に立った授業改善に向けて，2015〜16年当時の中学校の授業がどのように行われていたのか，教員の学習指導と生徒の学習の実態や特徴を両質問紙調査のクロス分析によって分析・考察していこう。具体的には，①教員の教育観，②教員が授業の際に心がけている時間の使い方や進め方や授業方法，③生徒が授業で好きな学習方法の3つのデータを取り上げる。

（1）教員の教育観の状況とその変遷

　「主体的・対話的で深い学び」の視点に立つことが教員に教育観の転換を求めているとしたら，教員は現時点でどのような教育観をもっているのだろうか。また90年代から続く教育改革の流れで，これまでどのような教育観をもってきて現在に至っているのだろうか。

　「学習指導基本調査」では，これまで数回にわたって，「授業や生徒指導の面で，どのようなことを大切にしていますか」という設問で10ペア程度の相対立する授業観・指導観等を提示して，教員の教育観について尋ねてきた。表10-2から，97年調査から10年調査を経て16年調査までの20年間で教員の教育観がどう変遷してきたかをみてみよう。

　B，D，F，Jの4項目は，97年と10年以降で大切にする教育観が逆転している。つまり，得意な学力を伸ばしたり，教育内容を精選したり，子どもの可能性が開花するのを支援したりする教育観から，不得意な教科の学力をつけさせたり，幅広い知識をつけさせたり，必要なことを教え訓練したりする教育観に変わってきている。2000年代の学力低下

表10-2　学習指導基本調査「教員の教育観の変遷」
　　　　（中学校教員　97年，10年，16年の比較）

(%)

		97年	10年	16年
A	1　教科書や指導要領の内容を，とにかく最後まで扱うこと	51.4	70.8	78.4
	2　一通り終わりまでやれなくても，基本的な考え方を身につけさせること	48.6	29.2	21.6
B	1　不得意な教科や領域の学力をつけさせること	37.9	59.9	61.4
	2　得意な教科や領域の学力を伸ばすこと	62.1	40.1	38.6
C	1　自発的に学習する意欲や習慣を身につけさせること	81.8	65.2	73.1
	2　たとえ強制してでも，とにかく学習させること	18.2	34.8	26.9
D	1　教育内容を精選して教授すること	55.4	48.0	44.4
	2　幅広い知識を教授すること	44.6	52.0	55.6
E	1　客観的な基準を使って，子どもを公平に評価すること	73.1	87.1	88.4
	2　直感的であっても，子どもの個性を重視して評価すること	26.9	12.9	11.6
F	1　学校の責任を学校生活に限定して，その範囲で努力すること	57.0	33.9	33.2
	2　家庭や校外での生活も，できるだけ指導すること	43.0	66.1	66.8
G	1　どの子どもにも，できるだけ学力をつけさせること	67.0	88.0	87.8
	2　勉強が苦手な子どもには，別の能力を伸ばしてやること	33.0	12.0	12.2
H	1　学問的に重要なことがらよりも，子どもが楽しく学べる授業にすること	60.5	49.1	52.2
	2　授業の楽しさを多少犠牲にしても，学問的に重要なことがらを押さえること	39.5	50.9	47.8
I	1　受験に役立つ力を，学校の授業でも身につけさせること	68.3	86.2	89.6
	2　受験指導は塾などに任せて，学校では基礎的事項を教えること	31.7	13.8	10.4
J	1　子どもの持っている可能性が開花するのを，支援すること	60.4	39.0	44.7
	2　一人前の大人になるために必要なことを教え，訓練すること	39.6	61.0	55.3
K	1　受験に役立つ知識・スキルを教えること		35.4	37.4
	2　受験には直接役立たないが，上級学校や社会に出てから役立つ内容を教えること		64.6	62.6
L	1　予習の指導			9.8
	2　復習の指導			90.2

※空欄の項目は，その年の調査で実施していない。
※比較しやすくするために，不明を除いた有効%で示した。

問題がきっかけで教育内容に関する教育観が転換したと考えられる。ただ，「主体的・対話的で深い学び」の視点で求められる資質・能力は，むしろ97年当時の教育観に近いのではないだろうか。
　A，E，G，Iの4項目は，97年から一貫して一方の教育観をもつ教員が増えている。つまり，教科書や指導要領の内容を最後まで扱うこと，公平に評価すること，どの子どもにもできるだけ学力をつけさせる

こと，受験に役立つ力を身につけさせることなど，学力に対する考え方に関しては，学習指導要領の範囲で学習すべき教育内容とその結果に責任をもつ姿勢が高まっている。

C，Hの2項目にはV字の変動がみられる。つまり，97年当時の自発的に学習する意欲や習慣を身につけさせたり，子どもが楽しく学べる授業をしたりする教育観から，10年には強制してでもとにかく学習させたり，学問的に重要な事柄をおさえたりする教育観がやや増加し，16年ではそれらの教育観がわずかながら減っている。学力低下問題で学力保障を重視する方向に振れた学習方法に関する教育観が，主体的・協働的な学習が求められるようになって再び逆に振れつつあるようだ。

（2）教員が授業の際に心がけている時間の使い方や進め方や授業方法

「主体的・対話的で深い学び」の視点に立った授業改善が教員に求められているとしたら，教員は現時点でどのように授業に取り組んでいるのだろうか。主体的・協働的な学習やアクティブ・ラーニングが本格的に求められるようになる前後で，授業の取り組み方は違っていたのだろうか。また，授業の時間の使い方や進め方や授業方法は，教科の特性によって異なると考えられるが，担当教科によって授業の取り組み方は実際に違っているのだろうか。

「学習指導基本調査」では，2節で紹介したように，授業の時間の使い方や進め方や授業方法について具体的な項目を示して，「教科の授業を進める際にどのような時間の使い方や進め方を心がけていますか」，「教科や領域の授業において，次のような内容をどれくらい心がけていますか」，「教科の授業において，どのような授業方法を心がけていますか」と尋ねてきた。これまでの一般的な授業方法や主体的・協働的な授業方法等の項目に絞って，10年調査と16年調査の全体比較及び16年調査

での担当教科別にクロス分析を行った結果を**表10-3**にまとめた。

　まず，10年から16年にかけて，多くするよう心がけている教員が減少している項目をみてみよう。「教員からの解説の時間」は，23.7％から16.3％に減少している。担当教科別では，社会の24.7％が高い。「基礎的・基本的な知識・技能を習得する学習」は，77.0％から67.7％に減少している。担当教科別では，数学の73.7％が高い。「計算や漢字などの反復的な練習」は，29.0％から23.2％に減少している。担当教科別では，国語と数学が約40％の一方で社会と理科は10％未満である。

　次に，10年から16年にかけて，多くするよう心がけている教員が増加している項目をみてみよう。「生徒が考えたり話し合ったりする時間」は，41.8％から54.1％に増加している。担当教科別では，国語の68.2％が高い。「グループ活動を取り入れた授業」は，37.1％から47.5％に増加している。担当教科別では，国語の58.0％が高く，社会と数学は40％弱とやや低い。「生徒どうしの話し合いを取り入れた授業」は，10年と

表10-3　学習指導基本調査「授業の際に心がけている時間の使い方や進め方，授業方法」（中学校教員　10年と16年の比較・16年担当教科別）

（％）

		10年	16年	国語	社会	数学	理科	英語
教員からの解説の時間	多くするよう心がけている	23.7	16.3	13.2	24.7	13.6	17.9	13.4
	まあ心がけている	67.6	70.1	75.4	64.4	71.5	71.6	67.9
生徒が考えたり話し合ったりする時間	多くするよう心がけている	41.8	54.1	68.2	46.3	53.9	55.6	47.7
	まあ心がけている	47.8	38.5	28.2	43.5	40.0	38.2	41.3
基礎的・基本的な知識・技能を習得する学習	多くするよう心がけている	77.0	67.7	62.5	64.9	73.7	66.0	69.7
	まあ心がけている	20.9	29.0	34.5	30.6	23.9	30.7	26.7
自分で調べることを取り入れた授業	多くするよう心がけている	18.0	17.9	19.9	31.1	8.1	21.6	12.9
	まあ心がけている	52.3	50.7	59.7	50.0	41.4	51.3	52.1
体験することを取り入れた授業	多くするよう心がけている	22.9	22.9	10.5	8.1	8.1	62.0	26.1
	まあ心がけている	40.6	42.1	47.0	42.4	42.2	32.0	46.7
グループ活動を取り入れた授業	多くするよう心がけている	37.1	47.5	58.0	37.6	36.4	54.9	51.9
	まあ心がけている	43.8	41.5	34.4	47.0	47.1	38.3	40.0
生徒どうしの話し合いを取り入れた授業（自由に議論する授業）	多くするよう心がけている	11.2	47.0	61.0	39.9	45.7	46.3	42.5
	まあ心がけている	44.4	41.7	32.8	46.6	42.6	44.4	42.1
計算や漢字などの反復的な練習	多くするよう心がけている	29.0	23.2	39.1	3.6	39.6	9.2	20.4
	まあ心がけている	42.3	42.3	43.4	28.1	48.6	44.1	45.0

※「生徒どうしの話し合いを取り入れた授業」は16年調査での項目で，10年調査では「自由に議論する授業」として尋ねた。

16年で聞き方が変わっているので直接の比較はできないが，11.2％から47.0％に増加している。国語が61.0％と高く，社会が39.9％と低い。

　なお，「自分で調べることを取り入れた授業」と「体験することを取り入れた授業」は，10年と16年でほとんど変化がみられなかった。その一方で，「自分で調べることを取り入れた授業」は社会が31.1％と高いのに対して数学は8.1％にすぎず，「体験することを取り入れた授業」は理科が62.0％と非常に高いのに対して社会と数学は8.1％にすぎないというように，担当教科によって大きな違いがみられる。

（3）生徒が授業で好きな学習方法

　「主体的・対話的で深い学び」の視点に立った授業改善は，教員に求められているだけでなく，その授業を受ける生徒にもまた求められていることになる。授業の直接的な効果を図るのは難しいが，その授業の好き嫌いが違えば授業への取り組み姿勢が違ってくるだろうし，取り組み姿勢が違えば授業から習得できることも違ってくるだろう。つまり，「主体的・対話的で深い学び」の視点に立った授業改善の成否は教員の取り組み方だけでなく，生徒の取り組み方にも左右される。では，生徒は現時点でどのような授業の学習方法が好きなのだろうか。それはゆとり教育が進められていたときから変わってきているのだろうか。また，成績の良し悪しと関係があるのだろうか。

　「学習基本調査」では，2001年調査から授業で好きな学習方法について尋ねてきた。調査では10項目尋ねているが，これまでの一般的な学習方法や主体的・協働的な学習方法等の項目に絞って，2001年調査と2015年調査の全体比較及び2015年調査での成績別にクロス分析を行った結果を表10-4にまとめた。

　これまでの一般的な学習方法である「先生が黒板を使いながら教える

授業」は，2001年と2015年のいずれも「好き」が70％台で最も多く，また変化もみられない。成績別には上位の生徒ほど好きな傾向がみられる。「グループで何かを考えたり調べたりする授業」も「好き」の割合は2001年から2015年にかけて70％前後であまり変化はみられないが，成績別にも「好き」の割合に違いはみられず，「先生が黒板を使いながら教える授業」とは異なる特徴がある。

　その他の4項目はいずれも2001年から2015年にかけて「好き」の割合が10数ポイント上昇している。そのうち「自分たちでテーマや調べ方を決めてする授業」には成績別の違いがみられないが，他の項目は上位の生徒ほど好きな傾向がみられる。

表10-4　学習基本調査「授業で好きな学習方法」
　　　　（中学生　01年と15年の比較・15年成績別）

		01年	15年	成績上位	成績中位	成績下位
先生が黒板を使いながら教える授業	好き	75.0	77.9	84.0	80.2	72.9
	好きでない	23.6	21.2	16.0	19.8	27.1
個人で何かを考えたり調べたりする授業	好き	45.9	57.2	65.1	57.4	52.0
	好きでない	51.2	41.2	34.9	42.6	28.0
グループで何かを考えたり調べたりする授業	好き	67.4	71.8	74.8	75.2	69.7
	好きでない	29.8	26.8	25.2	24.8	30.3
ドリルやプリントを使ってする授業	好き	43.5	57.1	67.4	60.9	48.0
	好きでない	54.5	41.3	32.6	39.1	52.0
自分たちでテーマや調べ方を決めてする授業	好き	41.5	57.7	64.1	60.9	58.1
	好きでない	52.7	37.3	35.9	39.1	41.9
考えたり調べたりしたことをいろいろ工夫して発表する授業	好き	34.5	47.0	54.6	49.1	42.1
	好きでない	61.3	60.5	45.4	50.9	57.9

※　01年と15年の経年比較データでは，「やっていない」「無回答」を含む％で示した。
※　成績別は，「やっていない」「無回答」を除く有効％でクロス表を作成している。

（4）知見の整理と考察
　以上の分析から，中学校教員の学習指導と中学生の学習の実態や特徴

は次の3点にまとめられる。第1に，教員の教育観は，数年〜10年単位で変わってきており，現時点での教員の教育観の状況は，「必要な教育内容を幅広く」，「学力保障の責任を負う姿勢で」，「主体的・協働的に学習する」という大勢にあること。第2に，教員の授業の取り組み方は，いわゆる受動的な学習方法が減少し，主体的・協働的な学習が増加していることと，教科によって心がけられている授業方法に違いがあること。第3に，生徒の好きな学習方法は，これまでの一般的な学習方法と主体的・協働的な学習方法との間に明確な違いはなく，どの学習方法も好きになってきているが，個人で取り組む学習には成績上位の生徒ほど好きな傾向がみられること，である。

　「主体的・対話的で深い学び」の視点に立った授業改善に向けて，既にその方向に進んでいる教員の教育観と授業の取り組み，生徒の学習方法に対する意識もあれば，この数年間の方向性とは反対のものも，また担当教科や成績による違いがあることもわかってきた。当然，それぞれの状況に応じて適切な授業改善の取り組み方や解決すべき課題は異なってくると予想される。授業改善にあたっては，それぞれの学校の「日々の学校生活の文脈」をふまえて，その学級や学校に相応しい教育実践を選択し，個別の課題を解決していけるように取り組むことが望まれる。

4. これからの教育調査への示唆

　以上の考察をふまえて，「日々の学校生活の文脈」の実態や特徴の調査について少し考えてみよう。

　冒頭で紹介した筆者の体験談のように，学校の先生方は目の前の児童・生徒のことはよく理解している。しかし，学習指導要領が改訂されたり，新しい教育内容や教育方法が導入されたり，大きな教育問題に直

面したりしたときには，その学級や学校の「日々の学校生活の文脈」の実態や特徴がわかっていなければ，適切に教育実践を改善したり教育問題を解決したりすることはできない。場合によっては「日々の学校生活の文脈」にそぐわない取り組みをしてかえってこじらせてしまいかねない。

　そこで，日頃から「日々の学校生活の文脈」を捉えるような簡単な質問紙調査を積み重ねていくことも有益だろう。その際に，第3章3節で紹介したように，関心のある「日々の学校生活の文脈」は何か，調査テーマを明確に設定しておく。それでも1回ごとの調査では必ずしも目を見張るようなデータが得られるとは限らない。しかし，本章の分析で，時系列，教員の担当教科別，生徒の成績別という教育調査としては基本的なクロス分析だけでも多くの知見が得られたように，積み重ねた調査データを縦断的・横断的に分析すると，それだけで「日々の学校生活の文脈」をさまざまな観点から捉えることができ，適切な改善や解決の取り組みに活かしていけるだろう。

　ただ，1つの学校の一人または複数の教員だけで継続的な質問紙調査に取り組むのはやや難しいかもしれない。そこで，複数の学校の教員で研究会を作ったり，管轄の教育委員会が主導したり，近隣の大学の教育諸学者と協力し合ったりして，相互に情報を共有したり調査研究に取り組んだりして，「日々の学校生活の文脈」の理解を深め，教育実践の改善や教育問題の解決に取り組んでいくことが望まれる。

引用・参考文献

西島央，2018，「過密化する教育課程から『主体的・対話的で深い学び』実現に向けた課題を考える」『首都大学東京　教職課程紀要第2集』。

ベネッセ教育総合研究所，2016，『第5回学習基本調査報告書』ベネッセ教育総合研究所。

ベネッセ教育総合研究所，2017，『第6回学習指導基本調査 DATA BOOK（小学校・中学校版）』。
https://berd.benesse.jp/shotouchutou/research/detail1.php?id=5080

学習課題

　あなたが実態や特徴を確認したい「日々の学校生活の文脈」の調査テーマを設定して，"どういう学校"の"誰"の，学校生活の"どの場面"について，"どのような実態や特徴"を調査すればよいか，調査計画と主な質問項目を作ってみよう。

質問紙の URL
①第6回学習指導基本調査　中学校教員用
https ://berd.benesse.jp/up_images/research/tyugaku-kyouin_tyousa-hyo.pdf
②第5回学習基本調査
https://berd.benesse.jp/up_images/research/6_appendix.pdf

11 │ 調査の分析例（３）
〜分析の手がかりをどう見つけるか

藤田　武志

《目標＆ポイント》　分析を進める手がかりを得る方法について概観する。本章では，授業改革の影響，学校での経験の効果，困難を抱える生徒の支援に関する具体的な調査研究を参照しながら，分析を進める手がかりを探る３つの方法を見ていくことにする。
《キーワード》　問題状況，理論的概念，他者の合理性

---

1. 問題状況から探る

　「蒐集・分類・比較」の手順を踏みながら調査を進めていく際に，どういったポイントに目をつけて分析の手がかりを探っていったらいいだろうか。その１つは，何らかの問題状況が生じていないかを探っていくことである。しかし，問題状況が明白であれば苦労はしないが，必ずしも見えやすい状態で問題が存在しているとは限らない。そのため，気づかれにくいところで誰かが困っていたり，不当に扱われていたり，取り残されていたりしないかといった視点から，具体的な検討対象を探っていくことが有効な手段の１つである。

　そのような例として，愛知県犬山市の教育改革について調査をした研究を取り上げよう。犬山市では，「学びの学校づくり」というスローガンのもと，教師たちによる副読本の作成，「学びあい」による授業づくり，授業改善交流会などの研修など，独自の教育改革を行っていた。

　研究者グループが2005年と2009年に大規模な質問紙調査を行い，犬山

市の教育改革について検証を行った（苅谷他編　2011）。その一環として藤田（2011）は，授業における「学びあい」について，問題状況に着目した分析をしている。その一端を紹介しよう。

　犬山市の教育改革は，すべての子どもの学びを保障することが基本理念であり，格差を是認・促進するような自由化や市場化ではなく，平等化を志向したものであった。その具体的な方策の１つが，授業のなかで子どもたちがお互いに教え合う「学びあい」という活動である。改革が進むなかで，「学びあい」に関わるどのような変化が生じたのかを確かめるため，2005年と2009年の中学校３年生のデータを比較して検討した。

　まず，学びあいをとりいれた授業をどのくらい経験しているのかを見てみることにした。図11−1に示したように，頻度が高いという回答の割合が2005年に比べて2009年では大幅に増加しており，全体的に学びあいを取り入れた授業が広く浸透している様子が分かる。

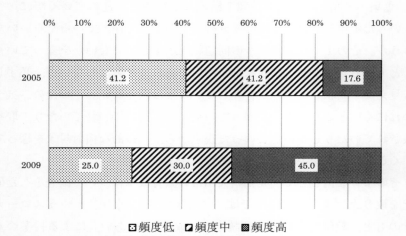

図11-1　学びあい授業の頻度の変化

表11-1　子どもたちの「学び合い」の状況（%）

		とてもあてはまる	まああてはまる	あまりあてはまらない	まったくあてはまらない
友だちと勉強を教えあう	2005	20.2	51.5	22.2	6.2
	2009	26.0	47.3	19.3	7.4

　次に，生徒自身が学びあい行動をしているのかどうかを尋ねた回答を見てみると（表11-1），とてもあてはまるという回答がやや増加しているが，全体的に，それほど大きく変化しているわけではない。

　では，学びあいではなく，生徒たちの学習の様子はどう変化したのだろうか。生徒の家庭学習時間は，2005年が平均して91.80分であるのに対し，2009年は106.23分と増加しており，その差も統計的に有意であった。しかし，学校の授業がどれくらい分かっているかという授業理解度については，両年でとくに違いは見られなかった。

表11-2　家庭での学習態度の変化（%）

		あてはまる	あてはまらない
出された宿題はきちんとやる	2005	76.2	23.8
	2009	81.4	18.6
家の人に言われなくても，自分から進んで勉強する	2005	51.7	48.4
	2009	60.0	40.0

　家庭学習の状況は，表11-2に示したように，宿題をきちんとやるという設問（76.2%→81.4%），また，自分から進んで勉強するという設問（51.7%→60.0%）への肯定的な回答がそれぞれ増加していることか

ら，教育改革の進展とともに学習に対して積極的に取り組むようになっていると言える。

　全体的な状況は概観できたが，問題状況を発見するために，学びあいについてさらに探るにはどうしたらいいだろうか。そこで，生徒自身の学びあい行動に着目してみることにした。具体的には，学びあい行動をするかどうかによってどんな違いが生じるのかを検討するのである。まず，学びあい行動をする生徒を「教えあう」群，しない生徒を「教えあわない」群として，それぞれの群の家庭学習時間と授業理解度の平均値を調べ，それをグラフに示してみた（図11-2，図11-3）。

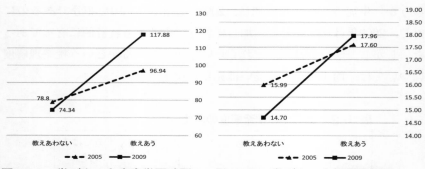

図11-2　学びあいと家庭学習時間　　図11-3　学びあいと授業理解度

　いずれも点線で示した2005年よりも実線で示した2009年のグラフの傾きが急になっている。それは，学びあい行動をするかどうかによる違いが大きくなっていることを示している。そこで，その違いについてさらに詳しく見てみることにした。

　図11-2からは，教えあわない群の学習時間はほぼ変化がないのに対し，教えあう群の学習時間が多くなっていることが分かる。学びあいの

効果が表れていると考えられるだろう。それに対し，**図11-3**は，教え
あう群の授業理解度はほぼ同じである一方で，教えあわない群の授業理
解度が低下していることを示している。これはどういうことなのだろう
か。分析を進める手がかりとなるかもしれないので，次に，教えあわな
い群の生徒たちの特徴をさらに調べてみることにした。

　表11-3と**表11-4**は，学びあい行動の有無と，学校や勉強に関する意
識との関係を表している。2005年と2009年に大きな違いはない。しかし，
両年とも，教えあう群と比べると，教えあわない群については，学校に
行くのが楽しみという設問と，みんなで勉強すると分からないことが分
かるようになるという設問を否定する割合が2倍以上多いのが特徴であ
る。つまり，教えあわない群の生徒たちは，そもそも学校自体や，学び
あいの効果に対してネガティブな思いを抱いている者が多いのである。

表11-3　学びあいと学校に関する意識の関係（%）

わたしは学校にいくのが楽しみだ	教えあわない		教えあう	
	2005年	2009年	2005年	2009年
あてはまる	56.4	58.1	79.8	79.0
あてはまらない	43.5	41.9	20.3	21.0

表11-4　学びあいと勉強に関する意識の関係(1)（%）

みんなで勉強すると，わからないことがわかるようになる	教えあわない		教えあう	
	2005年	2009年	2005年	2009年
あてはまる	41.9	44.3	75.4	80.8
あてはまらない	58.0	55.7	24.7	19.2

　また，さらに別の側面について2005年と2009年の違いを検討すると，教えあわない群については，何のために勉強するのか分からないという設問を肯定する割合が増加している一方で（表11-5），たいていのことはうまくこなすことができるという設問を否定する割合が増えている（表11-6）。つまり，2009年の教えあわない群の生徒たちは，勉強の意味が不明確で，自己肯定感が低い生徒が多くなっているのである。

　この教えあわない生徒たちは，気づかれにくいところで困っている生徒たちなのではないか。発見したこの「問題状況」を手がかりに，学びあい行動の意味が，2005年と2009年でどう変わってしまったのかさらに考えていった結果，次のような結論を得ることができた。

　学びあいに乗れない／乗らないのは，もともと学校や学びあいの効果に後ろ向きの生徒だった。それゆえ，学びあいの授業が広く浸透していくことは，そのような生徒をますます周縁化し，勉強や自分自身に対して否定的な意識を持たせることになったのだろう。それゆえ，ここから

表11-5　学びあいと学校に関する意識の関係(2)（%）

何のために勉強するのか わからない	教えあわない		教えあう	
	2005年	2009年	2005年	2009年
あてはまる	40.9	52.7	39.9	34.5
あてはまらない	59.1	47.3	60.1	65.5

表11-6　学びあいと自分に関する意識の関係（%）

たいていのことはうまくこなす ことができる	教えあわない		教えあう	
	2005年	2009年	2005年	2009年
はい	17.4	15.6	19.0	20.3
どちらともいえない	56.8	43.7	57.9	55.9
いいえ	25.8	40.7	23.1	23.8

示唆されるのは，効果的な取り組みであったとしても，それに乗れる者と乗れない者という分断を作りだし，乗れない者が周縁化されてしまう危険性を自覚する必要性と，周縁化を防ぐために参加の多様なチャンネルを用意することの必要性である。このように，困った状況にある人々に着目することは，分析と考察の重要な手がかりとなる。

2．理論的概念から探る

　分析の手がかりを探る2つめのポイントとして，理論的概念を用いた研究を紹介しよう。理論的概念とは，ある現象や状況などを説明する理論の鍵となる概念のことである。その概念をサーチライトとして，分析の手がかりを探っていった研究の例を見ていこう。

　藤田（2017）は，20歳の若者を追跡調査した研究において，「意欲の貧困」という理論的概念によって，学校での経験が卒業後の生活を切り拓いていく拠りどころとなり得ているのかを探究した。意欲の貧困とは，以下のような概念である。

　私たちが日常生活で未知の状況や困難な課題に立ち向かい，乗り越えられるのは，「何とかなるだろう」という「根拠のない自信」によって支えられているからである（湯浅・仁平　2007）。「根拠のない自信」という精神的な「溜め」は，生育の過程において，切り捨てられたり排除されたりせず，ときにはちょっとした成功体験などを積み重ねることなどによって蓄積されていく。

　「溜め」は，いざというときの貯金や，頼れる人間関係などのように，外界からの衝撃を吸収するクッションの役割と，エネルギーを汲み出す源泉の役割を果たしている（湯浅　2008）。精神的な「溜め」が欠如していると，せっかく見つけた仕事であっても，どうしてもできる気

がしないと感じて辞めてしまったり，酷い状況にあっても「今のままでいい」と生活の改善を諦めてしまっていたりなど，頑張ろうとしても頑張れない「意欲の貧困」状態に陥ってしまう（湯浅・仁平　2007）。

　藤田らの行った質問紙調査には，「自分にふりかかる出来事を，自分でコントロールすることなどできない」や「抱えている問題を自分で解決できるとは，とうてい思えない」など，「意欲の貧困」そのものをとらえようとする設問，および，「他の人に比べてすぐれているところがある」や「どんなことでも積極的にこなすほうである」など，自分自身に対する肯定的なイメージを測る設問が入れてあった。これらの設問を合成し，意欲の貧困の状況を測定する指標（意欲の貧困度）を作成して，それを手がかりに学校での経験との関係を分析したのである。

表11-7　意欲の貧困に関わる意識の状況（％）

	とてもあてはまる	ややあてはまる	あまりあてはまらない	まったくあてはまらない
自分にふりかかる出来事を，自分でコントロールすることなどできない	5.6	32.6	55.0	6.8
抱えている問題を自分で解決できるとは，とうてい思えない	4.8	22.7	59.2	13.3
他の人に比べてすぐれているところがある	7.7	37.6	44.0	10.7
どんなことでも積極的にこなすほうである	7.5	36.8	45.2	10.5

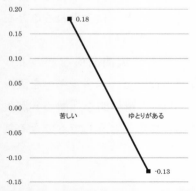

　表11-7に，指標の作成に用いた設問の一部を示した。ネガティブな設問を肯定する比率はおよそ3割弱〜4割弱であり，特に強く肯定する割合は5％前後である。また，ポジティブな設問は，否定

図11-4　暮らし向き×意欲の貧困度

する割合が5割強ほどおり，特に強く否定しているのは1割ほどである。

　意欲の貧困はどういった要因と関係しているのだろうか。意欲の貧困度は生活の状態によって影響されることは想像に難くない。そこで，現在の暮らし向きを尋ねた設問と意欲の貧困度の関係を見てみたところ（**図11-4**），やはり暮らし向きが苦しい方が意欲の貧困度の数値が高く，暮らしにゆとりがある方が意欲の貧困度が低くなっている。

　では，学校での経験は，意欲の貧困を防ぐ役割を果たしているのだろうか。その点について，過去の学校経験のなかでさまざまなものを得られたと感じているかどうかは，現在の意欲の貧困度に関係があるのかを確かめてみることにした。そこで，高校生活で得られたものについて尋ねた設問を合成し，「知識や自信」が得られたか，また，「人間関係」が得られたかを測定することにした。それぞれについて，「得られた」群と「得られなかった」群の2グループに分け，

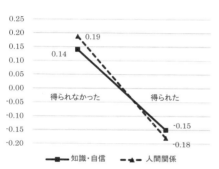

図11-5　学校経験×意欲の貧困度

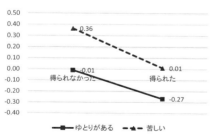

図11-6　暮らし向き×知識・自信×意欲の貧困度

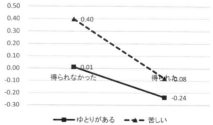

図11-7　暮らし向き×人間関係×意欲の貧困度

意欲の貧困度の平均値を比べてみた（**図11-5**）。

　図に明らかなように，得られなかった群の意欲の貧困度は高く，得られた群の意欲の貧困度は低い。学校で得られたものが，卒業後の生活にも影響を与えている可能性がある。

　しかし，得られなかった群の現在の暮らし向きがあまりよくないため，意欲の貧困度も高くなっているという疑似相関の可能性もある。そこで，現在の暮らし向きも考慮して分析することにした。

　図11-6と**図11-7**は，暮らし向き別に，学校経験で得られたものと意欲の貧困度の関係を示している。いずれも得られなかった群の意欲の貧困度が高く，得られた群のそれが低くなっており，その差は統計的にも有意であることが判明した。つまり，現在の暮らし向きがどうであっても，学校経験で得られたものが意欲の貧困度に影響を与えているのである。

　暮らし向きにゆとりがある群のグラフ（実線）が，暮らし向きが苦しい群のグラフ（点線）よりも下にある（意欲の貧困度が低い）ことは，やはり暮らし向きの影響力が大きいことを示している。しかし，暮らし向きは苦しいが学校経験では得られた群に属する者の意欲の貧困度が，暮らし向きにはゆとりがあるが学校経験では得られなかった群に属する者の意欲の貧困度とほぼ同程度であることは注目に値する。なぜなら，現在の暮らし向きによるマイナスを学校経験が補っていることを意味しているからである。

　以上のように，意欲の貧困という理論的概念による探究によって，学校における経験の重要性を浮き彫りにすることができた。

3.　他者の合理性を探る

　他者の合理性を探ることで分析の手がかりを見つける事例を見てみよう。枠島（2019）は，困難を抱える生徒が多く在籍する高校で，ボランティアとして校内に参与しながらフィールドワークを行い，生徒の退学を予防するところに学校の取り組みがどう機能しているのかを検討している。調査対象とした高校は，家庭環境の面でも学力の面でも厳しい状況にある生徒が少なくなく，かつては中退者も多くいたそうである。そのため，生徒たちを支える取り組みに力を入れるようになったという。それらのうち，ここでは補習授業に関する分析の一部を紹介しよう。

　成績や出席の状況によって進級ができないと中退につながることが多いことから，調査対象校では，進級に向けて何とか頑張らせるために補習授業に力を入れており，ボランティアスタッフなども導入して運営している。

　補習授業は週に2回，英語と数学について，放課後に1時間程度行われている。定期試験の点数が低い者，出席が危うい者，その他気にかかる者など，中退の危険性が高そうな生徒が教員に指名されてやってきて，与えられたプリントに取り組む。分からないところは教員やボランティアスタッフが個別に指導を行う。以下では，論文に掲載されたフィールドノーツのデータをいくつか抜粋しながら，それらのデータをどう分析していったのかを見ていくことにしよう。なお，データのなかの氏名や校名などの固有名詞は原則として仮名である。また，フィールドノーツの下線部は，分析の手がかりとなる部分を示している。

絵美ちゃんは淵田高校の中では比較的勉強自体はできていると思われ，be動詞等はきちんと正解している。しかし学校に登校するまでに時間を要するようであり，筆者に「体育の欠席やばいんだ。」と教えてくれる。若手女性教諭の長塚先生も「勉強はいいとして，欠席がね。どうにかしないとまずいんですよ。」と筆者に教えてくれる。けれど絵美ちゃんは悪びれる様子はない。筆者に「だって，友達がクラスにいないんだもん。仕方がないでしょ？体育はきつい。」と開き直るように言ってくる。筆者は「一人も？確かに，（体育は）二人組作るとか，しんどいよね。」と相槌を打つ。「にこるん（モデル）とかの通信（課程の高校）でも駄目なの？体育あるの？もう辞めたいよ。」と話す。

「私とは話せてるじゃん？そういう風に話してみたら？」と絵美ちゃんに筆者が言う。すると，「大人はいいけど，タメは無理。学校内は麻衣しか（友達）いないもん。」と即答される。「え，でもさ，麻衣ちゃんとクラス違うのに，どこで仲良くなったの？」と尋ねると「中学校からずっと一緒。むしろもっとずっとちっちゃい時から知ってる。学校来るのだるくなる癖がついちゃったんだよね。雨とかだと，さぼっちゃって。来るの面倒くさい。」と話す。筆者もそこで否定せず，「そっか。雨は気持ちわかるかも。」と一緒に笑う。

図11-8　補習授業のフィールドノーツ①

　補習授業の目的はもちろん成績の向上であり，基本的に生徒たちは勉強をしに補習授業に出席している。しかし，そのような生徒ばかりではないのが実際のところである。図11-8のデータには，学校に通い続けられるようにきちんと進級しようという意識ではなく，むしろ友だちがおらず，学校に来るのも面倒だという学校へのこだわりのなさが示されている。これは，補習授業が機能を果たしていないことを示すものとして分析していけばいいのだろうか。

　そのような解釈ももちろん可能だが，第8章でも説明したように，1つのデータの意味は他のデータとの関係によって定まってくるのであるから，解釈は保留にして別のデータにあたっていこう。

　次のデータには，調査者の呼びかけに応えて補習授業にきたものの，

アルバイトもあるので早く終わらせて帰りたい様子が描かれている（**図11-9**）。先ほどと同様，勉強にはあまりこだわりはなさそうである。

　しかし，フィールドワークのデータについて考える際には，フィールドの当事者は，自分にとって意味のあることをしているはずだという前提で見ていくことが肝要である。そのことを岸他（2016）は，「他者の合理性」の探究として指摘している。また，考察の手がかりを探すために，「極端に考える」「矛盾点を探す」といった手法が有用な場合がある。

　何度か補習授業内で会い，話したことのある久くんとテニス部の男子が同時に来る。筆者が「久しぶり。」と声をかけると，「（先週筆者が）来いって言ったから，来たよ。」とはきはきと答える。以前見かけたときよりも，髪の色が派手になっているが，元気そうである。
　到着するなり，さっさと終わらせたい様子である。筆者や周囲に「バイトあるから，14時からバイトだから。それまでに帰りたい。」と訴えている。ボランティアの元淵田高校で事務員をしていた月野木さんは淵田高校の生徒にとってのアルバイトは，重要な生活費であることを知っているため，「帰ったほうがいいよ。」等と受け入れている。

図11-9　補習授業のフィールドノーツ②

　それらのことを意識しながら，これら2つのデータを見直してみると，学校へのこだわりのなさを極端に考えれば，学校に来ないほうが合理的ではないか。そう考えれば，学校にこだわりがないのに学校には来ているし，しかも，補習授業にまで出ていることは，矛盾しているとは言えないだろうか。特に，図11-9（フィールドノーツ②）では，アルバイトに間に合うように帰るという時間的制約があるならば，補習授業をサボってもいいようなものであるが，そうはせずに補習授業に出席している。

　とはいえ，補習授業には教師によって無理矢理出席させられている可能性も高く，実際，論文の別の箇所では，教師が嫌がる生徒を捕まえて補習授業に連れてくる姿も描かれている。しかし，**図11-9**（フィールドノーツ②）にもあるように，教師による強制ではなく，ボランティアへの声かけに応えて自ら出席している姿も見られる。それはどう理解したらいいのだろうか。そこで，解釈を保留しつつ，さらに**図11-10**（フィールドノーツ③）を見てみることにしよう。

　二人になると，大輔くんは，ぽつぽつと自分の話を始める。「アルバイト，週5だよ。眠いよ。疲れたよ。」と愚痴を前回同様に漏らす。「すごいね。<u>正社員並みだよね。</u>」と筆者が話す。すると「そうだよ。<u>もう学校辞めたい。辞めたいよう。</u>」と机に突っ伏したりしながら，「辞めたい。」を繰り返す。筆者が「辞めたら，バイトもできなくなっちゃうよ。」と話すと「<u>バイト先，中卒もいるから大丈夫。個人店だよ。ここ（居酒屋）にいればいいし。</u>」とあっけらかんと答える。

　筆者が「卒業したらさ。就職するの？それとも進学？」と問題を見ているふりをしながら，できるだけさりげなくなるように配慮して聞く。すると大輔君は急に機嫌が悪くなり，「その時決めるからいい。」と別の人のように声が低くなり，<u>目つきも変わる。そして「英語なんていらなくない？」</u>と筆者に吐き捨てるように話す。

　その後，be 動詞，does の説明をする。その合間に「<u>疲れた。もう仕事（アルバイト）行きたくない。</u>でも（筆者に対して）早く帰りたいでしょ？」と話しかけてきたので，「私も仕事あるから，ゆっくりここにいたいなー。」と補習授業にまだ居たい旨を伝える。大輔君は「そっか。そっちも忙しいんだね。」と話す。

　そして筆者が「ねえ，遊ぶ時間ある？」と聞くと，「22時までバイトだから，（友達と遊ぶのは）そのあと。でも補導されちゃう。いつ遊べばいいんだよって感じ。」と笑って言う。

　解き終えても，<u>帰りたくなさそうに筆者に雑談をしてくる。</u>しかし，これからボランティアも含めて全体で会議をするため櫻井さんに「早く帰れ。」と促される。しぶしぶ帰宅する。筆者に手を振る姿は，ヤンキーのようなピアスをしていても迫力がなく，まだ幼い。

図11-10　補習授業のフィールドノーツ③

　図11-10（フィールドノーツ③）でも，学校へのこだわりのなさを見て取ることができる。そして，将来のことという真面目な話題を忌避し，勉強なんていらないと主張する様子は，勉強が目的でここに来ているのではないことをうかがわせる。しかし，勉強が目的ではなくても，この場にはとどまりたいようである。

　これらのことから，フィールドノーツに登場した生徒たちはいずれも，この場にいること自体を，あるいは，ここにいる大人たちと話すことを目的としていると考えると，データを整合的に理解できるのではないだろうか。そして，そのような視点からデータを見直すと，たとえば，生徒たちの「自分語り」，それに対する大人たちの「是認」，それらに伴う「学校的ではない関係の希求」といったコードを，データの下線を引いた部分に付与できそうである。

　そうだとすれば，アルバイトでは大人として，学校では生徒として，それぞれふさわしい役割を果たすことが要求されるなかで，そのような役割から離れられる場所，受け入れられる場所として，補習授業が機能している可能性がある。家庭がそのような場所となりえていない不安定な家庭環境にある生徒であれば，その必要性はさらに高まることだろう。

　以上のように，生徒たちの合理性を探ることによって枠島は，この高校の補習授業は，学習のサポート機能とともに，いわば「斜めの関係」として生徒を支える機能という2つの側面を持っていると分析していったのである。

4.　考察を深めるために

　これまで3つの調査事例を通して，分析の手がかりを探る3つの方策

を概観した。それら以外に，考察を深める手段をいくつか紹介しよう。

　まず，隠れた前提はないか探すという手段がある。たとえば，「女性が働きやすい職場づくり」は，仕事と家庭の両立は女性の役割だという前提のうえに成り立っている。その前提をひっくり返すことで，さらに考察が深まる可能性がある。

　あるいは，因果関係を逆に考えるという手段もある。たとえば，体育の男女別受講について，身体の構造が違うから分離するというのが通常の考え方であるが，分離するから身体の構造の違いがことさら強調され，意識されるという逆の因果も考えられる。その他，メリットとデメリットや，順機能と逆機能についてあえて逆に考えてみることもできる。

　さらには，あえて対立を作ってみたり，立場を変えて考えてみたり，似たものを探してみたり，別のものと比べてみたりなど，さまざまな手段を用いて分析の手がかりを発見し，考察を深めていってもらいたい。

参考文献

藤田武志, 2011, 「教育改革と社会的排除　―子どもたちの学びの変化に関する考察」苅谷剛彦他編『教育改革の社会学　―犬山市の挑戦を検証する』岩波書店, pp.55-80。

藤田武志, 2017, 「学校経験と社会的不平等　―『意欲の貧困』を手がかりに」乾彰夫他編『危機のなかの若者たち　―教育とキャリアに関する5年間の追跡調査』東京大学出版会, pp.243-262。

苅谷剛彦他編, 2011, 『教育改革の社会学　―犬山市の挑戦を検証する』岩波書店。

岸政彦他, 2016, 『質的調査の方法　―他者の合理性の理解社会学』有斐閣。

枠島真沙美, 2019, 「困難な状況の生徒に寄り添う高校教育のあり方に関する研究」日本女子大学大学院修士論文。

湯浅誠　2008, 『反貧困　―「すべり台社会」からの脱出』岩波書店。

湯浅誠・仁平典宏　2007, 「若年ホームレス　『意欲の貧困』が提起する問い」本田由紀編『若者の労働と生活世界　彼らはどんな現実を生きているか』大月書店, pp.329-362。

学習課題

１．何かの普及にともなって生じる逆効果の例を考えてみよう。

２．身の回りの常識的見解にどういった前提が隠されているか考えてみよう。

12 | 調査の分析例（4）
～質問紙調査から部活動の様子を確認する

西島　央

《**目標＆ポイント**》　中学生対象の質問紙調査の研究事例を通して，「学業と部活動の両立」問題の背景を分析・考察するとともに，教員や児童・生徒を対象に質問紙調査を行う方法とその留意点を理解する。
《**キーワード**》　質問紙調査，変数の関係モデル，第三変数，擬似相関，平均値の差の検定（分散分析），部活動

1. 部活動の様子を確認するための質問紙調査の意義と留意点

　部活動は，良かれ悪しかれ日本の中学校と高校を最も特徴づける活動といえるだろう。大半の中学校と高校に設置されていて，多くの学校では，設置している部の一覧表を学校要覧に載せたり部員の活躍を学校のウェブサイトで紹介したりしている。生徒は，部活動がきっかけでやりたいことを見つけたり，その実績で高校や大学に進学したりすることもある。なにより，夏の高校野球に象徴されるように，部活動は青春の代名詞である。

　一方で，部活動は評判の芳しくない活動でもある。以前から「学業と部活動の両立」がしばしば問題となってきたように，学校生活のなかで学業と二項対立的に捉えられるきらいがある。また，2010年代半ばからは，長時間の部活動が教員の多忙状況の要因の1つと指摘されるなど，そのあり方が社会問題化してきている。その流れで，スポーツ庁は2018

年に『運動部活動の在り方に関する総合的なガイドライン』（以下，『ガイドライン』）を発表して，一日あたりの活動時間と週あたりの活動日数の基準を示すとともに，「合理的でかつ効率的・効果的な活動」の推進に取り組むように求めた。また，2017年の『全国学力・学習状況調査報告書』（以下，『報告書』）は，平日一日あたりの部活動時間と平均正答率の関係を分析して，3時間以上の中学生の平均正答率が低いことを示した。

　しかし，「学業と部活動の両立」はあいにくずっと言い続けられているし，部活動のあり方も問題解決の兆しがなかなかみられない。それはなぜだろうか。教育調査という観点から考えるならば，理由の1つは，部活動に関する調査研究があまりにも少なすぎることである。

　たしかに，スポーツ科学の領域における運動部活動の技能向上に関する実験研究や，教育心理学の領域における部活動内の人間関係や引退後のバーンアウトに関する調査研究など，これまでにも部活動に関わって一定の研究が行われてきている。しかし，学校教育活動の一環としての部活動の実態や特徴や課題については，継続的な調査研究がほとんど蓄積されてきていないのが実状だ。そのため，スポーツや芸術の技能向上といった直接目的的な効果以外に，部活動が学校教育のなかでどのような役割を担っているのかをきちんと検証して，部活動指導に適切に取り組むということができていない。また，部活動をめぐって個別の問題が生じても，その問題が実はどこの学校の部活動でも起きているようなことなのか，何か特別な背景があって起きた事例なのかを判断することができず，問題解決と指導の改善に適切につなげていくことができないのである。

　やっかいなことに，部活動に限らず学校教育については，私たち自身が小学校から高校や大学まで10年以上にわたって毎日通っていたため

に，自分の数少ない経験を日本中のどの学校でもふつうのこと，当たり前のことと思い込んで，その観点から評価してしまいがちだ。第10章で紹介した授業に関わることであれば，それでもさまざまな調査研究やメディアでの紹介もあって，多少は自分の経験を相対化して評価することもできよう。だが，部活動は，教科学習と並んで学校生活のなかで大きな比重を占めていながら，それに相応しいだけの調査研究やメディアでの紹介がなされてきていない。そのため，どうしても思い込みで評価してしまって，結果として問題の解決や指導の改善につながらないばかりか，かえってこじらせてしまうことも起こりうる。

このように，十分な調査研究の蓄積がないために，思い込みで評価したり対応したりしてしまいかねない学校教育活動の問題に直面したときには，その問題に直接関わる事柄だけでなく，その問題や問題が起きている場に関わりそうな周辺状況を，第6章で紹介した変数の関係モデルにそって位置づけながら，できるだけ複眼的にその問題の実態や特徴を捉えて，背景を探っていく調査を行うことが大切である。

そのような調査は，なにも教育諸学者や統計的調査の専門家でなければできないわけではない。筆者は中学校と高校の先生方から部活動の様子をうかがって，先生方の取り組みや考え方，生徒の関わり方，周辺状況がどの学校にもあてはまることかどうかを探る質問紙調査を行ってきており，筆者の調査は先生方あっての研究である。第3章，第5章，第6章で紹介した質問紙調査によって，教育委員会や教員，教育関係団体，大学生などの教育関係者が調査をしたほうが，教育諸学者よりよほど部活動の実態や特徴を浮かび上がらせることができるにちがいない。

ただし，第10章1節で紹介した調査対象や調査規模の設定と「蒐集・分類・比較」の手順をふまえることが必要である。そのうえで，部活動に関する調査を企画・設計する際にとくに考慮すべき点は次の3点であ

る。

第1に，部活動に直接関わって，①部活動数と各部の部員数と指導者の態勢，②各部の活動時間と活動日数，③大会やコンクールに参加している部であればその実績など，組織的特徴と活動状況を部ごとに把握する。部活動の組織的特徴と活動状況は，同じ学校内でも異なるし，同じ種目の部でも学校によって異なる。その違いによる特徴を見落とさないように，これらを基本情報として把握するための調査項目を用意する。

第2に，変数の関係モデルの第三変数に位置づく周辺状況として，学級の様子や，教科の学習や特別活動等の主な学校教育活動の様子を把握する。「学業と部活動の両立」問題は中高生も二項対立的に捉えているとは限らないし，教員の多忙状況は他の職務の状況と合わせて検討しなければ，部活動指導の何が要因となっているか的確な判断はできない。

第3に，同じく第三変数に位置づく周辺状況として，学校外の様子を把握する。学習の場合でも通塾の有無や家庭学習時間を調査しておくものだが，部活動も同じである。ただし学習と違うのは，部活動は同じ種目の習いごとを同時並行ですることはあまりない点である。むしろ，前の学校段階までに同じ種目の習いごとの経験があるか，現在も含めて違う種目でもスポーツや芸術の習いごとの経験があるかを把握しておきたい。これは，活動の継続性という観点と同時に，近年社会問題化している教育格差，この場合なら家庭環境や地域環境の違いによるスポーツ・芸術経験の有無という文化的格差の観点に基づく。教員についても，顧問をしている部の技術指導ができるかどうかが意識面で多忙状況の一因といわれていることから，同じ種目の経験や違う種目での習いごと経験，技術指導に関する研修の受講経験の有無などを確認しておくとよい。

なお，個人情報への配慮は第10章1節で指摘したとおりである。

174

2. 部活動の様子に関する中学生対象調査の概要と進め方の工夫

ここからは，部活動の実態や特徴に関する質問紙調査の一例として，筆者が代表を務める研究グループによる「中学生の部活動と日常生活に関する調査」（以下，「中学生調査」）を用いて，中学校の部活動の様子を分析・考察していくことにしたい。なお，質問紙を章末に掲載したので，以下を読み進める際や質問紙調査を行う際に活用していただきたい（186ページ以降を参照）。

（1）調査の概要

筆者が代表を務める研究グループは，1998年度以降，学校教育活動の一環としての部活動の実態と役割や課題を探るべく，中学生，高校生，中学校教員を対象にした質問紙調査やフィールドワークを行ってきている。「中学生調査」は，部活動の地域格差と学校規模格差の状況を探ることを目的に，へき地小規模校を調査対象に含めるべく，離島の多い長崎県と山間部の多い宮崎県の中学生を対象に，2013年度に実施した。調査概要は表12-1のとおりである。

表12-1 「中学生の部活動と日常生活に関する調査」（「中学生調査」）の概要

①調査テーマ：地域特性や学校規模の異なる中学校の生徒の部活動に対する意識と行動に関する調査。
②調査方法：学校通しによる集合自記式質問紙調査。
③調査時期：2013年11月～12月。
④調査対象：長崎県・宮崎県の県庁所在地と離島及び山間部の19校の公立中学校の1，2年生合計2312人。回収校・回収数＝16校・1986票。本章では15校・1907票を使用。
⑤主な調査内容：学校生活の様子，部活動への加入状況・参加状況，指導者の様子，部活動の人間関係，部活動に対する意識，学校外での習いごとや文化体験の様子，日常生活の様子など。

（2）質問紙作成の工夫

　「中学生調査」の質問紙の作成にあたってどんな工夫をしたかを少し紹介しよう。

　筆者たちの研究グループでは，中学生対象の質問紙調査をこれまでに7回行っており，その都度，中学生の部活動への関わり方を行動面と意識面から尋ねてきている。

　行動面については，所属している部の活動時間や活動日数と，中学生自身がそのうちどのくらい参加しているかを尋ねてきた。1998年度に初めて行った調査では，**資料12-1**のように，部としての週あたりの平均活動日数とそのうちどのくらい参加しているかを尋ねている。

　この段階では，部としての週あたりの活動日数と中学生の参加頻度がわかれば十分だと考えていて，平日と週末を分ける必要性を感じていなかった。しかし，2000年度に行った次の調査では，「平日の放課後」「平日の早朝」「学校のある土曜日」「学校のない土曜日」「日曜日」に分けて，部としての活動の有無やある場合の日数と中学生自身の参加頻度を尋ねている。平日と週末で活動の有無の状況や中学生の参加頻度の度合いに違いがあることがわかってきたからだ。さらに1回あたりの活動時間を尋ねるようになったのは，2013年度の「中学生調査」からである。

資料12-1　1998年度の中学生対象調査

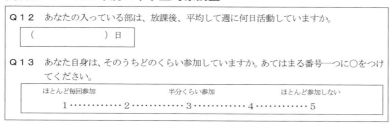

　この頃までは地域単位や中学生単位の分析が中心だったので，これでも大きな問題はなかったが，近年では部単位の分析も行うようになった。すると，中学生に部としての活動時間や活動日数を尋ねても，同じ部に所属する中学生の回答がまちまちで，部の実態把握には適さないことがわかってきたので，2018年度の調査では「部活動設置状況調査票」（資料12-2）を作成して，各部の顧問教員に活動時間や活動日数を尋ねて，生徒には「平日放課後」「土曜日」「日曜日」の参加頻度だけを尋ねた。

資料12-2　2018年度の中学生対象調査

部活動設置状況調査票							
部活動名	顧問の人数	外部指導者の人数	部員の人数 男女・学年別	主な活動場所	平日放課後の日数・活動時間	土曜日の回数・活動時間	日曜日の回数・活動時間
〈記入例〉男子バスケットボール部	主顧問(1)人	(1)人	1年 男子(7)人・女子( )人	体育館	週(4)日	月(3)回	月(1)日
	副顧問(0)人		2年 男子(6)人・女子( )人		1日あたり	1日あたり	1日あたり
			3年 男子(8)人・女子( )人		約(2)時間	約(4)時間	約(4)時間
	主顧問( )人	( )人	1年男子( )人・女子( )人		週( )日	月( )回	月( )日
	副顧問( )人		2年男子( )人・女子( )人		1日あたり	1日あたり	1日あたり
			3年男子( )人・女子( )人		約( )時間	約( )時間	約( )時間

　このように，行動面では確認したい実態により近いかたちでデータを取れるように質問のしかたを改善する工夫を重ねてきた。一方で意識面では，部活動にどのくらい力を入れているかを尋ねる質問（2ページQ7）（以下，「部活動力入れ度」と表記）と，部活動で一番楽しいことは何かを尋ねる質問（3ページQ15）は，7回の調査で全て同じ形式で尋

ねてきた。中学生の部活動に対する意識を測るのにこの質問文と回答形式にどれだけ妥当性があるかはわからないが，同じ質問を続けることで時期的な変化や地域による違いなどを推し量ることはできる。

（3）調査対象選定の工夫

　次に，「中学生調査」の調査対象の選定にあたってどんな工夫をしたかを少し紹介しよう。

　この調査の目的は，部活動の地域差と学校規模差の状況を探ることにあった。そこで，ある都道府県や市区町村全体の中学校部活動の縮図をつくるのではなく，地域の違いや学校規模の違いから十全な部活動ができていないと考えられる学校の特徴をはっきり出せるように，あえてそういう学校を多く調査対象とすることにした。地域の違いについては，次の2点を考慮した。第1に，部活動に直接関わって，大会やコンクールへ参加するための移動が大変な地域を含むこと。第2に，学校外の活動として，民間の習いごとを享受する機会が少ないと思われる地域を含むこと。学校規模の違いについては，加入する部を選択できるだけの数が設置しにくくなる1学年1学級規模の学校を選ぶこととした。

　このような対象の選び方をした場合，回答者全体の単純集計のデータが表している母集団は明確ではないが，地域別や学校規模別に分類することで，典型的な特徴をもった集団の比較をすることができる。

3. 「学業と部活動の両立」に潜む思い込みを部活動の周辺状況から探る

　1節で紹介したように，『報告書』では平日一日に3時間以上部活動をしている中学生の平均正答率が低いことが示された。しかし，一日に

3時間以上部活動をするとなぜ成績が低くなるのだろうか。『報告書』によれば，平均正答率が最も高かったのは「1時間以上，2時間より少ない」中学生で，それより短い場合も平均正答率は低くなっていく。つまり平日一日あたりの部活動時間の長さと平均正答率は比例していない。にもかかわらずこの報告をしてしまったのは，部活動をめぐるデータが少ないために，自分の数少ない経験から「学業と部活動の両立は難しいはずだ」という思い込みのままに分析をしてしまったからではないだろうか。

そこで，この事例に潜む思い込みを部活動の周辺状況から探り，よりよい部活動指導や学校教育活動のあり方を考えるべく，「中学生調査」を分析・考察していこう。中高生の頃に学校の先生方や保護者から繰り返し「学業と部活動の両立」を指導されてきた身からすれば，平日一日に3時間以上部活動をしている中学生の平均正答率が低いというデータを示されれば，思わず納得してしまいそうだ。だが，このデータには2つの思い込みが潜んでいる。

（1）部活動は本当に毎日活動があるのか

『報告書』では平日一日の部活動時間を調査しているが，一週間の活動日数は調べていない。『ガイドライン』にも「休養日及び活動時間」という表記がみられるように，平日はふつう毎日活動があるものと思い込んでしまっているようだ。だが，それは本当だろうか。

「中学生調査」では，平日放課後の活動時間と活動日数を調査している。それによると，平日に5日とも活動があると回答した中学生は74.3％であった。さらに平日放課後の活動時間別に活動日数をみると，1時間や2時間の場合は7割以上が5日なのに，3時間の場合は5割強にとどまっていた。毎日活動があるものと思い込んでいるから，活動日

数を確認せずに平日一日あたりの活動時間で分析してしまったが，本来ならば，週末も含めて一日の活動時間と活動日数から総活動時間を算出して分析するべきであったであろう。

（２）長時間部活動をしている中学生は本当に勉強していないのか

　『報告書』では，部活動時間と平均正答率の関係は分析しているが，家庭学習時間等の学習の状況はその分析に組み込んでいない。繰り返し「学業と部活動の両立」の指導を受けてきた経験などから，長時間部活動をしている中学生はあまり勉強していないものと思い込んでしまっているようだ。だが，それは本当だろうか。

　「中学生調査」では，部活動への関わり方を行動面と意識面から，また学校生活の様子の１つとして「国社数理英の授業への積極度」（１ページＱ２）や「クラス内での成績」（７ページＱ32）を調査している。もし「学業と部活動の両立」が本当に問題なら，部活動に積極的な中学生ほど学業はおざなりなはずだ。そこで，**図12−1**に部活動への関わり方別に国社数理英の授業に「とても積極的に参加している」割合をまとめた。

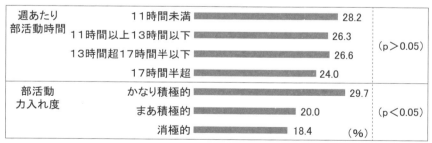

図12−1　部活動への関わり方別にみた国社数理英の授業にとても積極的に参加している割合

　平日と週末の活動時間と活動日数から週あたりの活動時間を算出して，約25パーセンタイルずつに分類した「週あたり部活動時間」別にみると，「11時間未満」では28.2％が，「17時間半超」でも24.0％が国社数理英の授業にとても積極的に参加していて，ｐ値が0.05より大きいか小さいかで判定したところ，カイ二乗検定では有意な差はみられなかった。一方で，部活動にどのくらい力を入れているかを尋ねた「部活動力入れ度」別にみると，驚くことに「消極的」では18.4％に，「まあ積極的」では20.0％にとどまるのに，「とても積極的」では29.7％が国社数理英の授業にもとても積極的に参加していた。

　では，成績はどうなっているのだろうか。表12-2に部活動や授業への関わり方別に「クラス内での成績」分布をまとめた。「週あたり部活動時間」別には，活動時間の長短と成績の良し悪しの間に有意な関係はみられなかった。しかし「部活動力入れ度」と「国社数理英の授業への積極度」は，どちらも「かなり積極的」なほど成績が良い傾向がみられた。

表12-2　部活動や授業への関わり方別にみたクラス内での成績

(%)

		上のほう	上と中の間	中くらい	下と中の間	下のほう	
週あたり部活動時間	11時間未満	12.3	19.7	35.4	18.6	14.0	
	11時間以上13時間以下	10.9	21.3	31.6	21.3	14.9	
	13時間超17時間半以下	12.8	23.0	33.6	19.7	10.9	
	17時間半超	11.5	18.6	32.7	22.0	15.2	(p>0.05)
部活動力入れ度	かなり積極的	11.2	19.6	33.9	21.1	14.1	
	まあ積極的	10.1	18.3	32.7	22.6	16.2	
	消極的	10.9	25.7	30.7	8.9	23.8	(p<0.05)
国社数理英の授業への積極度	とても積極的	20.9	24.5	27.5	17.2	9.9	
	まあ積極的	7.6	19.1	37.3	22.6	13.5	
	消極的	3.5	8.7	19.9	24.7	43.3	(p<0.05)

　だが，放課後の活動時間の長さが問題とされるのは，授業よりも予習や復習をしたり宿題をしたりする時間に影響すると考えられているからだろう。「中学生調査」では「家庭学習時間」（9ページQ37）も尋ねている。そこで，「週あたり部活動時間」別に「家庭学習時間」の平均値を算出したところ，「11時間未満」＝89.2分，「11時間以上13時間以下」＝85.9分，「13時間超17時間半以下」＝84.8分，「17時間半超」＝81.1分で，分散分析という平均値の差の検定では有意な差はみられなかった。

　では，誰の家庭学習時間が短いのだろうか。家庭学習時間の背景を詳しく探るべく，「週あたり部活動時間」で統制したうえで，「国社数理英の授業への積極度」別に家庭学習時間の平均値を算出した。その結果，**表12-3**のように，どの部活動時間帯でも「国社数理英の授業への積極度」の違いによって家庭学習時間も違っていて，部活動時間の長さにかかわらず，国社数理英の授業に「消極的」な中学生ほど家庭学習時間が短いことがわかった。

表12-3　週あたり部活動時間で統制した国社数理英の授業への積極度別にみた家庭学習時間の平均値

週あたり部活動時間	国社数理英授業への積極度	家庭学習時間の平均値（分）	
11時間未満	とても積極的	102.5	
	まあ積極的	86.4	
	消極的	69.6	(p<0.05)
11時間以上13時間以下	とても積極的	103.5	
	まあ積極的	81.5	
	消極的	69.9	(p<0.05)
13時間超17時間半以下	とても積極的	96.0	
	まあ積極的	81.9	
	消極的	73.8	(p<0.05)
17時間半超	とても積極的	104.3	
	まあ積極的	77.7	
	消極的	51.6	(p<0.05)

　以上の分析からは，第1に，部活動時間の長さという行動面は学業に直接は関係がないこと，第2に，部活動への積極性と学業への積極性は正の相関がみられること，第3に，結果として部活動への積極的な関わり方が低い学業達成につながっているとはいえないことが示された。つまり，中学生の学業と部活動の関係のあり方は，「学業と部活動の両立」問題が想定してきたあり方とは違っていたのだ。

　たしかに，**表12-3**からは，部活動時間が「17時間半超」で，国社数理英の授業に「消極的」な中学生の家庭学習時間は極端に短いことがうかがえる。部活動を毎日ものすごくがんばっている分，勉強はしないし成績も悪いという同級生が身近にいたこともあるだろう。しかし，私たちはそういう一部の典型的な事例に引っぱられた印象論で，学業と部活動は二項対立的な関係にあると思い込んできてしまったのかもしれない。そのために，部活動時間と平均正答率という2変数だけの関係で分析してしまったが，本来ならば，学習と平均正答率の関係をより詳しく分析するために，部活動への関わり方を加えるという3変数以上の関係として分析するべきであったであろう。

（3）小括〜よりよい部活動指導や学校教育活動のあり方を考える

　以上の分析をふまえて，よりよい部活動指導や学校教育活動のあり方を少し考えてみよう。調査結果からみえてきたことは，学校生活に積極的または親和的な中学生は学業も部活動もがんばるし，そうでない中学生はどちらも消極的ということだ。「学業と部活動の両立」が想定していた学業と部活動の二項対立関係はいわば擬似相関だったのである。

　実際，「中学生調査」から平日の時間の使い方を部活動加入非加入別にみてみると，**表12-4**のように，家庭学習時間は加入者のほうが約20分長く，パソコン等でゲームをしたりインターネットをしたりする時間

は非加入者のほうが合わせて50分あまり長い。

表12-4　部活動加入非加入別にみた平日の時間の使い方

	家庭学習	PC等でゲーム	PC等でインターネット
部活動加入者	85.4分	50.8分	55.2分
部活動非加入者	66.7分	77.4分	82.2分

　だから，学校生活に積極的または親和的な中学生は，部活動時間の長短にかかわらず，授業にも家庭学習にもしっかり臨むだろうし，そうでない中学生は，いくら部活動の活動時間や活動日数を減らしても，授業には消極的だし学習時間は伸びないだろう。そこで，従来のように学業と部活動を二項対立的に措定して勉強に向かわせるのではなく，どちらも学校生活の重要な一場面であると捉え直して，学校生活への積極性や親和性を高めるような学習指導や部活動指導をすることが望まれる。

　もちろん，だからといって部活動を長時間してよいといっているわけではない。そのことがもたらす効果と弊害は，またそれぞれに周辺状況をふまえつつていねいに検証して対応することが求められる。

4.　これからの教育調査への示唆

　以上の考察をふまえて，部活動に関する調査について考えてみよう。

　部活動は大半の中学校と高校に設置されており，現役の中高生のみならず，多くの大人が青春の代名詞として経験してきている。しかしその経験は，部活動が教育課程外に位置づく学校教育活動であるだけに，学校ごと，部活動ごとに異なるものだったはずである。ところが，近年の社会問題化した部活動のあり方への対応のように，ある観点から課題が

指摘されたとき，十分な調査研究の蓄積がないが故に，それぞれの数少ない経験に基づく思い込みで評価したり対策に取り組んだりしてしまうと，結果として問題の解決や指導の改善になかなかつながらない。

　それどころか学校教育活動の他の場面に副作用を引き起こすことにもなりかねない。というのも，教育課程外に位置づいていることで，部活動はその直接の目的や学習指導要領が定める意義以外にも，生徒指導や進路指導，放課後・休日対応など学校教育活動のさまざまな役割を果たすための手段としても期待されていて，さまざまな立場の人がさまざまな思惑で関わっているからだ。

　そこで，日頃から部活動がどのような周辺状況に取り囲まれているのかを探る調査や取り組みをしておくことも有益だろう。その方法として，1つには，部活動以外の学校教育活動が主テーマの質問紙調査のときにも，そのテーマに部活動がどう関わっているのかを探るために，1問でも2問でも関連しそうな部活動の質問を入れておくことが考えられる。実際，筆者も第10章で紹介した「学習指導基本調査」に部活動指導の質問を入れてもらった。すると，学習指導との関連や教員の指導全般のなかでの部活動指導の立ち位置がみえてきたりするものだ。

　また，自分の数少ない経験に基づく思い込みを崩したり，自分自身の部活動に対する期待や思惑を相対化したりするために，異なる立場の部活動関係者で情報共有を重ねておくとよい。身近なところでは，公立学校の教員と私立学校の教員では，同じ部活動による多忙状況であっても，その背景や解決の方向性は正反対の捉え方をしていたりする。

　このように部活動の周辺状況を把握しておくことで，部活動に関わる問題が起きて，その背景や解決策を探る調査をする必要が出てきたときに，周辺状況をきちんとふまえた調査を行って，対症療法的な対応にとどまらない適切な評価と対策に取り組めるようにすることが望まれる。

引用・参考文献

スポーツ庁，2018，『運動部活動の在り方に関する総合的なガイドライン』スポーツ庁。

文部科学省国立教育政策研究所，2017，『平成29年度全国学力・学習状況調査報告書』文部科学省国立教育政策研究所。

西島央，2010，「部活動—中高生の部活動への関わり方とその役割—」武内清編『子ども社会シリーズ　3　子どもと学校』学文社。

西島央，2016，「子供を育む運動部活動の意義と社会的役割—教育社会学の観点から」友添秀則編著『運動部活動の理論と実践』大修館書店。

西島央編著，2006，『部活動　その現状とこれからのあり方』学事出版。

西島央他，2018，『部活動の設置状況と指導・運営体制に関するアンケート報告書（速報版）～全国10都県　公立中学校442校・4091部の調査～』科学研究費補助事業調査研究報告書。

学習課題

　あなたが経験してきた，または現在関わっている部活動について，その直接の目的としてどのような活動（原因）がどのような効果（結果）をもたらしており，一方でどのような課題（結果）を引き起こしていると考えますか。また，学校のさまざまな教育活動のなかに部活動はどのように位置づき，それらと関わり合ってどのような役割を期待されたり果たしたり，反対に弊害をもたらしたりしていると考えられますか。変数の関係モデルに位置づけながら考えてみよう。

2013 年 11 月〜12 月

中学生の部活動と日常生活に関する調査

西島　央（首都大学東京）

調査ご協力のお願い

　この調査は、中学生のみなさんの部活動と日常生活の様子や日頃考えていることなどをお聞きし、中学校教育のあり方を考える参考にしようとするものです。回答は、みなさんに記入していただいた後、すぐにコンピュータに入れ、結果はすべてパーセントを計算するなど統計的に処理しますので、だれが何を答えたかがだれかに知られるようなことは決してありません。

　テストではありませんので、ありのまま、思うままをお答えください。

Q1　はじめに、あなたの性別と学年をお答えください。

```
A. 性別 : 1. 男      2. 女
B. 学年 : 1. 1年生    2. 2年生
```

まず、学校生活の様子についてうかがいます。

Q2　あなたは、次の活動にどのくらい積極的に参加していますか。A〜Eのそれぞれについて、**あてはまる番号一つ**に○をつけてください。

	とても積極的に 参加している	まあ積極的に 参加している	あまり積極的に 参加していない	まったく積極的に 参加していない	
A. 国社数理英の授業	1	2	3	4	
B. 昼休みの友だちとの遊び	1	2	3	4	
C. 文化祭や学芸発表会	1	2	3	4	5. 行われていない
D. 体育大会（運動会）	1	2	3	4	5. 行われていない
E. 委員会や係の活動	1	2	3	4	5. 入っていない

Q3　あなたには、次のことがどのくらいあてはまりますか。A〜Fのそれぞれについて、**あてはまる番号一つに**○をつけてください。

	とても あてはまる	まあ あてはまる	あまり あてはまらない	まったく あてはまらない
A. 先生とよく話をする	1	2	3	4
B. 友だちと勉強を教えあう	1	2	3	4
C. 授業中、先生の話をきちんと聞いている	1	2	3	4
D. 学校のきまりをきちんと守っている	1	2	3	4
E. 授業中、「わかった」「なるほど」 と感じることがある	1	2	3	4
F. テストの前はがんばって勉強する	1	2	3	4

Q4　あなたには、次のことがどのくらいあてはまりますか。A〜Hのそれぞれについて、**あてはまる番号一つに**○をつけてください。

	とても あてはまる	まあ あてはまる	あまり あてはまらない	まったく あてはまらない	
A. 文化祭や学芸発表会を楽しみにしている	1	2	3	4	5. 行われていない
B. 体育大会（運動会）を楽しみにしている	1	2	3	4	5. 行われていない
C. 委員会や係の活動は楽しい	1	2	3	4	5. 入っていない
D. 昼休みに友だちと遊ぶのは楽しい	1	2	3	4	
E. 学校の勉強はおもしろい	1	2	3	4	
F. 学校の先生と話をするのは好きだ	1	2	3	4	
G. 学校は楽しい	1	2	3	4	
H. 現在所属している部活や生徒会活動や学級 活動に積極的に運営に関わりたいと思う	1	2	3	4	

Q5　あなたは生徒会や委員会で何か役職についていますか。**あてはまる番号すべて**に○をつけてください。

```
1. 生徒会長・委員長      4. 役職なし（生徒会所属）    7. 生徒会役員や班長になっていない
2. 副会長・副委員長      5. 学級委員                8. その他（        ）
3. 書記や会計          6. クラス内の生活班の班長
```

ここから、部活動についてうかがいます。

Q6 あなたは**いま現在**、部活動に入っていますか。**あてはまる番号一つに〇をつけてください。**部活動に入っている
人は、かっこ内に部活動の名前を書いてください。

1. 部活動に**1つ**入っている	⟶	（　　　　　　　　　）部
2. 部活動に**2つ以上**入っている	⟶	いちばん力を入れているのは（　　　　　　　）部
		その他に（　　　　　　　　　　　　　　　）部
3. 以前は入っていたが、いまは入っていない	⟶	何部に入っていましたか（　　　　　　　　）部
4. 入ったことはない	⟶	**6ページのQ26に進んでください**

Q7～Q25 の質問には、いま部活動に入っている方だけが、いちばん力を入れている部活動について答えてください。

Q7 あなたは、部活動にどのくらい力を入れていますか。**あてはまる番号一つに〇をつけてください。**

かなり 力を入れている	まあ 力を入れている	あまり 力を入れていない	ほとんど 力を入れていない
1 ―――――――	2 ―――――――	3 ―――――――	4

Q8 あなたの入っている部は、次のようなときに活動や練習がありますか。A～Dのそれぞれについて、**あてはまる
番号一つに〇をつけ**、活動や練習がある場合、かっこ内に日数・回数、一日あたりの時間を書いてください。

A. 月曜～金曜の放課後 . . .	1．ない	2．ある	⟶ 週に（　　）日、約（　　）時間／日
B. 月曜～金曜の早朝 . . .	1．ない	2．ある	⟶ 週に（　　）日、約（　　）時間／日
C. 土曜	1．ない	2．ある	⟶ 月に（　　）回、約（　　）時間／回
D. 日曜	1．ない	2．ある	⟶ 月に（　　）回、約（　　）時間／回

Q9 部活動のある日のうち、あなた自身は活動や練習にどのくらい参加していますか。A～Dのそれぞれについて、
あてはまる番号一つに〇をつけてください。

	ほとんど毎回参加		半分くらい参加		ほとんど参加しない	活動なし
A. 月曜～金曜の放課後	1 ―――	2 ―――	3 ―――	4 ―――	5＿＿＿	＿6
B. 月曜～金曜の早朝	1 ―――	2 ―――	3 ―――	4 ―――	5＿＿＿	＿6
C. 土曜	1 ―――	2 ―――	3 ―――	4 ―――	5＿＿＿	＿6
D. 日曜	1 ―――	2 ―――	3 ―――	4 ―――	5＿＿＿	＿6

Q10 あなたの入っている部の顧問の先生についてうかがいます。そのかたはどういう先生ですか。**あてはまる番号一
つに〇をつけてください。**2人以上いるときは、主に指導してくださる先生について答えてください。

1. あなたのクラスの担任の先生
2. クラスの担任ではないが、授業で教わっている先生
3. クラスの担任でもなく、授業も教わっていないが、部活動で指導を受けている先生
4. その他（　　　　　　　　　　　　　　　）

Q11　あなたの入っている部の顧問の先生についてうかがいます。A〜Jのそれぞれについて、**あてはまる番号一つ**に○をつけてください。2人以上いるときは、主に指導してくださる先生について答えてください。

	とても あてはまる	まあ あてはまる	あまり あてはまらない	まったく あてはまらない
A．平日の活動や練習にはいつも参加している	1	2	3	4
B．土曜や日曜の活動や練習にはいつも参加している	1	2	3	4
C．大会やコンクールには必ず引率してくれる	1	2	3	4
D．活動や練習の時に技術の指導をしてくれる	1	2	3	4
E．部員に対して生活指導について熱心である	1	2	3	4
F．部員に対して学習指導について熱心である	1	2	3	4
G．部員の部活動についての悩みを聞いてくれる	1	2	3	4
H．部の目標や活動内容を生徒と相談しながら決めてくれる	1	2	3	4
I．一生懸命やっていない部員がいたら注意する	1	2	3	4
J．ミスをした部員がいたら注意する	1	2	3	4

Q12　あなたの入っている部の顧問の先生についてうかがいます。その先生は何を重視して指導にあたっていますか。**あえていえば近いと思う番号**に○をつけてください。2人以上いるときは、主に指導してくださる先生について答えてください。

ア．やる気や頑張りといった取り組む姿勢や態度を重視する

どちらかと いえばア	どちらかと いえばイ
1	2

イ．足の速さや演奏のうまさといった技術や能力を重視する

Q13　あなたの考える、理想の顧問の先生はどのような人ですか。A〜Dのそれぞれについて、**あてはまる番号一つ**に○をつけてください。

	とても あてはまる	まあ あてはまる	あまり あてはまらない	まったく あてはまらない
A．しっかりとした技術指導をしてくれる人	1	2	3	4
B．一生懸命やっていない部員がいたら注意してくれる人	1	2	3	4
C．部員の部活動についての悩みを聞いてくれる人	1	2	3	4
D．部の目標や活動内容を生徒に決めさせてくれる人	1	2	3	4

Q14　あなたの入っている部では、顧問の先生以外のかた（以下、外部指導者）が指導してくださっていますか。**あてはまる番号一つ**に○をつけてください。外部指導者がいる場合は、かっこ内に人数を記入してください。

1．外部指導者がいる　➡　（　　　　　）人くらい
2．外部指導者はいない
3．わからない

Q15　部活動で一番楽しいことはどんなことですか。**あてはまる番号一つ**に○をつけてください。

1．練習や活動そのもの　　　　　3．試合やコンクール
2．部員とのおしゃべり　　　　　4．その他（　　　　　　　　　　）

Q16　部員のなかで、あなたは部でやっている活動が得意な方ですか。**あてはまる番号一つ**に○をつけてください。

苦手な方		ふつうくらい		得意な方
1	2	3	4	5

Q17 あなたは所属している部で何かの役職についていますか。**あてはまる番号一つに**〇をつけてください。

1. 部長	3.	その他の役職（**具体的に**　　　　　　　　　）
2. 副部長	4.	役職にはついていない

Q18 あなたの入っている部の、ここ1、2年の大会やコンクールでの成績や活動実績は、県内でどのくらいのレベル

ですか。**あてはまる番号一つに**〇をつけてください。

1. 上のほう　　　（県大会/コンクールで1回か2回以上勝つ、入賞する）
2. ふつうくらい　（地区大会/コンクールで上位まで勝ち残る/入賞する、または県大会/コンクールに出場する）
3. 下のほう　　　（地区大会/コンクールに出場するレベル）
4. 大会やコンクールには出場していない
5. わからない、知らない

Q19 あなたは、部活動で大会やコンクールに団体種目のメンバーとして出場していますか。**あてはまる番号一つに**〇

をつけてください。部活動に個人種目と団体種目がある場合は、団体種目の時について答えてください。

1. レギュラーメンバーで、大会やコンクールにほとんど出場している
2. 準レギュラーメンバーで、大会やコンクールにときどき出場している
3. 控えメンバーで、大会やコンクールにほとんど出場していない
4. 部活動に個人種目しかない
5. その他（**具体的に**　　　　　　　　　　　　　）

Q20 あなたの入っている部についておたずねします。A～Eのそれぞれについて、**あてはまる番号一つに**〇をつけ

てください。

	とても あてはまる	まあ あてはまる	あまり あてはまらない	まったく あてはまらない
A. 学校外の施設で活動や練習をすることがある . .	1 ――― 2 ――― 3 ――― 4			
B. 大会やコンクール あるいは定期演奏会のために練習をしている . .	1 ――― 2 ――― 3 ――― 4			
C. 顧問の先生と気軽に話ができる	1 ――― 2 ――― 3 ――― 4			
D. 外部指導者と気軽に話ができる	1 ――― 2 ――― 3 ――― 4 __5. いない			
E. 部活動をやめたいと思ったことがある	1 ――― 2 ――― 3 ――― 4			

Q21 あなたは部活動をするにあたって、次のようなことにどのくらい困っていますか。A～Jのそれぞれについて、

あてはまる番号一つに〇をつけてください。

	とても 困っている	まあ 困っている	あまり 困っていない	まったく 困っていない
A. 活動や練習のための施設が整っていないこと	1 ――― 2 ――― 3 ――― 4			
B. 活動や練習のための備品や道具が整っていないこと . .	1 ――― 2 ――― 3 ――― 4			
C. 部の活動に十分な部員数がいないこと	1 ――― 2 ――― 3 ――― 4			
D. 練習試合や実演する機会が少ないこと	1 ――― 2 ――― 3 ――― 4			
E. 大会やコンクールに出場する機会が少ないこと . .	1 ――― 2 ――― 3 ――― 4			
F. 大会やコンクールの会場への移動に時間がかかること .	1 ――― 2 ――― 3 ――― 4			
G. 大会やコンクールの目標が高すぎること	1 ――― 2 ――― 3 ――― 4			
H. 部活動にお金がかかりすぎること	1 ――― 2 ――― 3 ――― 4			
I. 活動や練習の日数や時間が多すぎること	1 ――― 2 ――― 3 ――― 4			
J. 十分な技術指導を受けられないこと	1 ――― 2 ――― 3 ――― 4			

Q22　あなたには、**部活動の同学年の友だち**について、次のようなことがどのくらいあてはまりますか。A～Eのそれぞれについて、あてはまる番号一つに○をつけてください。

	とても あてはまる	まあ あてはまる	あまり あてはまらない	まったく あてはまらない
A. 部活のない放課後や休日に一緒に遊びに出かける	1	2	3	4
B. テストの点数を教えあう	1	2	3	4
C. 卒業後の将来のことを話す	1	2	3	4
D. いっしょにいて気が楽である	1	2	3	4
E. 同じ学年の部員どうしは仲がいい	1	2	3	4

Q23　あなたには、**部活動の先ぱい後はい**について、次のようなことがどのくらいあてはまりますか。A～Eのそれぞれについて、あてはまる番号一つに○をつけてください。

	とても あてはまる	まあ あてはまる	あまり あてはまらない	まったく あてはまらない
A. 部活のない放課後や休日に一緒に遊びに出かける	1	2	3	4
B. 勉強を教えたり教わったりする	1	2	3	4
C. 卒業後の将来のことを話す	1	2	3	4
D. いっしょにいて気が楽である	1	2	3	4
E. 先ぱいと後はいの上下関係がきびしい	1	2	3	4

Q24　あなたはどのような理由で現在の部活動に入部しましたか。A～Gのそれぞれについて、**あてはまる番号一つに**○をつけてください。

	とても あてはまる	まあ あてはまる	あまり あてはまらない	まったく あてはまらない
A. 中学校に入る前から、習い事としてやっていたから	1	2	3	4
B. その部活動の様子を見学して楽しそうだったから	1	2	3	4
C. 兄弟（姉妹）や、両親がやっていたから	1	2	3	4
D. 練習や活動が楽そうだったから	1	2	3	4
E. 仲のいい友達と一緒にいられるから	1	2	3	4
F. 先生に勧められたから	1	2	3	4
G. 他に選択肢がなかったから	1	2	3	4

Q25　あなたは、現在部でやっている活動を、いままでに次のような場でやったことがありますか。a～c のそれぞれについて、**あてはまる番号一つに**○をつけてください。

A. 小学生の頃		
a. 地域のスポーツクラブや習いごとの教室などで	1. やっていた	2. やっていない
b. 学校の部活動やクラブ活動で	1. やっていた	2. やっていない
B. いま現在		
c. 地域のスポーツクラブや習いごとの教室などで	1. やっている	2. やっていない

ここからは、全員がお答えください。

Q26 あなたは、部活動についての次のような考えについてどう思いますか。A〜Gのそれぞれについて、**あてはまる番号一つ**に〇をつけてください。

	とても そう思う	まあ そう思う	あまり そう思わない	まったく そう思わない
A. 部活動と勉強を両立させるのは大切だ	1	2	3	4
B. 部活動をサボるのはよくない	1	2	3	4
C. 部活動をがんばると校内で有名になれる	1	2	3	4
D. 部活動をがんばると行きたい高校に行ける	1	2	3	4
E. 部活動は部員同士で協力するものだ	1	2	3	4
F. 部活動は部員同士で競争するものだ	1	2	3	4
G. 自分の学校には人気の部活動がある	1	2	3	4

Q27 部活動について、次のような場合あなたはどうすると思いますか。A〜Dのそれぞれについて、**あなたの意見に近い番号一つ**に〇をつけてください。部活動に入っていない人も、入っていたらどう思うかを答えてください。

A. 自分のやりたい部活動が自分の中学校にない場合、他の中学校の部活動に参加できるとしたら、あなたはどうしますか。

ア. 自分のやりたい部活動をするために、他の学校の部活動に参加する	どちらかと いえばア 1	部活動には 参加しない 2	どちらかと いえばイ 3	イ. 自分のやりたい部活動はあきらめて、自分の学校の他の部活動に参加する

B. あなたの部が大会やコンクールに参加するのに必要な人数が足りない場合、あなたはどんな方法で大会やコンクールに参加しますか。

ア. 他の中学校で、同じ部活動をやっている人たちと一つのチームをつくって参加する	どちらかと いえばア 1	大会などには 参加しない 2	どちらかと いえばイ 3	イ. 自分の中学校で、ちがう部活動をやっている人たちに加わってもらって参加する

C. あなたの部活動を専門に指導できる先生が学校にいない場合、あなたはだれに指導してもらいたいですか。

ア. その活動の専門ではない、学校の先生に指導してもらう	どちらかと いえばア 1	どちらかと いえばイ 2	イ. 学校の先生ではない、その活動の専門の人に来てもらう

D. あなたの入っている部がなくなってしまう場合、あなたはどうしますか。

ア. 自分の学校の他の部に入って、別の活動をする	どちらかと いえばア 1	どちらかと いえばイ 2	イ. 部には入らず、同じ活動をするために、学校外のスクールや教室に通う

Q28 部活動に参加することで、何を得られると思いますか。A～Fのそれぞれについて、**あてはまる番号一つに**〇をつけてください。

	とても そう思う	まあ そう思う	あまり そう思わない	まったく そう思わない
A. 仲のよい友だちができる	1	2	3	4
B. 好きなことがうまくなる	1	2	3	4
C. 精神的につよくなる	1	2	3	4
D. 礼儀正しくなる	1	2	3	4
E. 進学や就職に役立つ	1	2	3	4
F. 健康なからだをつくれる	1	2	3	4

Q29 あなたには、**同じクラスの**友だちについて、次のようなことがどのくらいあてはまりますか。A～Dのそれぞれについて、**あてはまる番号一つに**〇をつけてください。

	とても あてはまる	まあ あてはまる	あまり あてはまらない	まったく あてはまらない
A. 放課後や休日に一緒に遊びに出かける	1	2	3	4
B. お互いの部活動のことについて話す	1	2	3	4
C. 卒業後の将来のことを話す	1	2	3	4
D. いっしょにいて気が楽である	1	2	3	4

Q30 あなたは学校で友だちと、どのような話をよくしますか。A～Eのそれぞれについて、**あてはまる番号一つに**〇をつけてください。

	よくする	まあする	あまりしない	まったくしない
A. スポーツ（プロ野球やJリーグなど、部活や習い事以外）	1	2	3	4
B. スポーツ（主に部活や習い事に関して）	1	2	3	4
C. 音楽（テレビ番組や、話題の音楽など、部活や習い事以外）	1	2	3	4
D. 音楽（主に部活や習い事に関して）	1	2	3	4
E. 勉強関連（学校や塾の勉強などについて）	1	2	3	4

Q31 あなたには、中学校内に次のような親しい友だちがどのくらいいますか。A～Fのそれぞれについて、**あてはまる番号一つに**〇をつけてください。

	0人	1人	2～5人	6～10人	11～15人	16人以上
【部活動】						
A. 同学年	1	2	3	4	5	6
B. 先ぱい	1	2	3	4	5	6
C. 後ぱい	1	2	3	4	5	6
【部活動以外】						
D. 同学年	1	2	3	4	5	6
E. 先ぱい	1	2	3	4	5	6
F. 後ぱい	1	2	3	4	5	6

Q32 あなたの成績はクラスでどのくらいですか。**あてはまる番号一つに**〇をつけてください。

下の方		まんなかぐらい		上の方
1	2	3	4	5

Q33 あなたには、次のことがどのくらいあてはまりますか。A～Dのそれぞれについて、**あてはまる番号一つに**○をつけてください。

	とても あてはまる	まあ あてはまる	あまり あてはまらない	まったく あてはまらない	
A. 学校の授業に満足している	1	2	3	4	
B. クラスの友だちに満足している	1	2	3	4	
C. 部活動に満足している	1	2	3	4	5. 入っていない
D. 学校生活に満足している	1	2	3	4	

ここからは、学校外での活動についてうかがいます。

Q34 あなたには、次のことがどのくらいあてはまりますか。A～Gのそれぞれについて、**あてはまる番号一つに**○をつけてください。

	とても あてはまる	まあ あてはまる	あまり あてはまらない	まったく あてはまらない
A. 公民館や児童館に行って遊ぶことがある	1	2	3	4
B. 美術館に行くことがある	1	2	3	4
C. 博物館や資料館に行くことがある	1	2	3	4
D. 公共の体育館に運動しに行くことがある	1	2	3	4
E. 公民館や児童館で 音楽活動をする（習う）ことがある	1	2	3	4
F. 図書館に行くことがある	1	2	3	4
G. 小学生のころに、魚釣りや虫取り、 ハイキングなどに行ったことがある	1	2	3	4

Q35 あなたは現在、学習塾（家庭教師をふくむ）に通っていますか。**あてはまる番号一つに**○をつけて、通っている場合はかっこ内に日数・時間を書いてください。

1. 通っている ――→ 週（　　）日、一回あたり、だいたい（　　）時間（　　）分
2. 通っていない

Q36 あなたはこれまでに、<u>地域のスポーツクラブや習いごとの教室など</u>に通って、スポーツ活動や、音楽や美術などの芸術活動をやったことがありますか。a～f のそれぞれについて、**あてはまる番号一つに**○をつけてください。

活動	時期	やったことが ある	やったことが ない
A. スポーツ活動	a. 小学3、4年生 ⇒	1.	2.
	b. 小学5、6年生 ⇒	1.	2.
	c. いま現在 ⇒	1.	2.
B. 音楽や美術などの芸術活動	d. 小学3、4年生 ⇒	1.	2.
	e. 小学5、6年生 ⇒	1.	2.
	f. いま現在 ⇒	1.	2.

Q37　あなたは**平日**に、学校で過ごす時間以外に、次のことをどのくらいしますか。A～Gのそれぞれについて、**あてはまる番号一つ**に〇をつけてください。

	ほとんどしない	15分ぐらい	30分ぐらい	1時間ぐらい	2時間ぐらい	3時間ぐらい	4時間ぐらい	5時間以上
A．家で勉強をする	1	2	3	4	5	6	7	8
B．テレビを見る	1	2	3	4	5	6	7	8
C．読書をする（マンガや雑誌は除く）	1	2	3	4	5	6	7	8
D．学校からの帰りに、寄り道する	1	2	3	4	5	6	7	8
E．家族と話をする	1	2	3	4	5	6	7	8
F．パソコンや携帯でゲームする	1	2	3	4	5	6	7	8
G．パソコンや携帯でインターネットする	1	2	3	4	5	6	7	8

Q38　インターネットの利用目的について、あなたには、次のことがどのくらいあてはまりますか。A～Eのそれぞれについて、**あてはまる番号一つ**に〇をつけてください。

	とてもあてはまる	まああてはまる	あまりあてはまらない	まったくあてはまらない
A．ホームページ・ブログの閲覧	1	2	3	4
B．ソーシャルネットワーキングサービス（フェイスブック、ツイッター、アメーバなど）の利用	1	2	3	4
C．電子掲示板（BBS）・チャットの閲覧、書き込み	1	2	3	4
D．オンラインゲーム	1	2	3	4
E．動画サイト（YouTube、ニコニコ動画など）の利用	1	2	3	4

Q39　あなたは動画投稿・共有サイト（YouTube、ニコニコ動画など）で、主にどのようなコンテンツを利用しますか。A～Eのそれぞれについて、**あてはまる番号一つ**に〇をつけてください。

	よく利用する	まあ利用する	あまり利用しない	まったく利用しない
A．音楽関係	1	2	3	4
B．スポーツ	1	2	3	4
C．アニメ	1	2	3	4
D．バラエティ・お笑い	1	2	3	4
E．ドラマ・映画	1	2	3	4

ここからは、あなた自身のことについてうかがいます。

Q40　あなたは、次のことがどのくらい得意ですか。A～Cのそれぞれについて、**あてはまる番号一つ**に〇をつけてください。

	苦手		ふつう		得意
A．運動やスポーツ	1	2	3	4	5
B．音楽（楽器を演奏したり歌ったり）	1	2	3	4	5
C．絵や工作	1	2	3	4	5

9

Q41 あなたは、大人になっても次のようなことをやっていきたいですか。A～Cのそれぞれについて、**あてはまる番号一つに○をつけてください。**

	とても やっていきたい	まあ やっていきたい	あまり やりたくない	まったく やりたくない
A. 運動やスポーツ	1	2	3	4
B. 音楽活動	1	2	3	4
C. 美術・工芸活動	1	2	3	4

Q42 あなたには、次のことがどのくらいあてはまりますか。A～Fのそれぞれについて、**あてはまる番号一つに○**をつけてください。

	とても あてはまる	まあ あてはまる	あまり あてはまらない	まったく あてはまらない
A. がんばればたいていのことはできる	1	2	3	4
B. 自分には他人よりすぐれたところがある	1	2	3	4
C. 仲間から信頼されている	1	2	3	4
D. みんなを引っぱっていくタイプだ	1	2	3	4
E. 自分に自信がある	1	2	3	4
F. 将来の目標がある	1	2	3	4

ここからは、あなたの住んでいる地域のことや、あなたの将来のことについてうかがいます。

Q43 あなたが住んでいる地域で、あなたには次のことがどのくらいあてはまりますか。A～Dのそれぞれについて、**あてはまる番号一つに○をつけてください。**

	とても あてはまる	まあ あてはまる	あまり あてはまらない	まったく あてはまらない
A. 家の近所の人と親しくしている	1	2	3	4
B. 地域のお祭りにお客として遊びに行く	1	2	3	4
C. 地域のお祭りでおみこしなどの出し物などをやる	1	2	3	4
D. 地域の祭りや運動会、ボランティア活動に関心がある	1	2	3	4

Q44 進学する高校を選ぶとき、次のことはどのくらい重要だと思いますか。A～Eのそれぞれについて、**あてはまる番号一つに○をつけてください。**

	とても 重要	まあ 重要	あまり 重要でない	まったく 重要でない
A. 自分の学力にあっているかどうか	1	2	3	4
B. 自分のやりたい部活動があるかどうか	1	2	3	4
C. 世の中の評判	1	2	3	4
D. 就職や進学に有利かどうか	1	2	3	4
E. 今住んでいるところから通えるか	1	2	3	4

Q45　あなたは、高校に進学したら部活動に入りたいですか。**あてはまる番号一つに**○**をつけてください。**

1.　部活動に入りたい ────────→	SQ1にもお答えください
2.　部活動に入るつもりはない ───────→	Q46に進んでください
3.　高校には進学しない ────────→	Q46に進んでください

　　　SQ1　高校では、どのような部活動に入りたいですか。**あてはまる番号一つに**○**をつけてください。**

1.　中学校でやっているのと同じ部活動に入りたい
2.　中学校とはちがう運動系の部活動に入りたい
3.　中学校とはちがう文化系の部活動に入りたい
4.　中学校では部活動をやっていないが、運動系の部活動に入りたい
5.　中学校では部活動をやっていないが、文化系の部活動に入りたい
6.　何部に入るかまだ決めていない

Q46　あなたは、中学校を卒業したあとどのような進路を考えていますか。**あてはまる番号一つに**○**をつけてください。**

1.　中学校を卒業したあと、仕事をする
2.　高校を卒業したあと、仕事をする
3.　高校を卒業したあと、専門学校などに行く
4.　高校を卒業したあと、短大に行く
5.　高校を卒業したあと、四年制大学に行く
6.　その他（具体的に　　　　　　　　　　）
7.　考えたことはあるが、まだ決めていない
8.　考えたことがない

Q47　あなたの考え方は、次のどちらにより近いですか。**より近いほうの番号一つに**○**をつけてください。**

1.　将来のためには、いまやりたいことをがまんできる
2.　将来のことはともかく、いまが楽しければよい

Q48　あなたは、将来どのような生き方をしたいですか。A〜Fのそれぞれについて、**あてはまる番号一つに**○**をつけてください。**

	とても そう思う	まあ そう思う	あまり そう思わない	まったく そう思わない
A.　机に向かう仕事より体を動かす仕事がしたい	1 ─────	2 ─────	3 ─────	4
B.　自由気ままに暮らしたい	1 ─────	2 ─────	3 ─────	4
C.　社会的な地位や名誉のある人間になりたい	1 ─────	2 ─────	3 ─────	4
D.　人の役に立ちたい	1 ─────	2 ─────	3 ─────	4
E.　家族を大切にしたい	1 ─────	2 ─────	3 ─────	4
F.　自分の生まれた故郷で働きたい	1 ─────	2 ─────	3 ─────	4

これで終わりです。ご協力ありがとうございました。

198

時間のあまった人は、部活動について、たとえば下に挙げるようなことなどを自由に書いてください。

部活動での目標 ／ 部活動に関わる悩みごと ／ こんな活動をする部活動があればいいのに

13 調査の分析例（５）
～質問紙調査から地域差や学校規模差を確認する

西島 央

《目標＆ポイント》 中学校教員対象の質問紙調査の研究事例を通して，地域差や学校規模差の実態や特徴を分析・考察するとともに，教員や児童・生徒を対象に質問紙調査を行う方法とその留意点を理解する。
《キーワード》 質問紙調査，地域差，学校規模差，都道府県間格差，都道府県内格差

1. 地域差や学校規模差を確認するための質問紙調査の意義と留意点

　小学６年生と中学３年生を対象に2007年度から行われている全国学力・学習状況調査は，その結果が公表されると，「何県が何位だった」「何県が上がった，下がった」という話題が毎年のように取り沙汰される。その背景には，「学習指導要領に従って全国のどの学校でも同じことが同じように学ばれているはずだから，学習の達成状況の差は，教員の教え方や児童・生徒の学び方といったそれぞれの学校での取り組み姿勢の違いに因るものだ」という，漠然とした思い込みがあるように思われる。

　だが，第12章で紹介した「中学生調査」の一環でへき地小規模中学校を見学してみると，どの学校でも同じことが同じように学ばれているはずとは到底言えないほどに，全国の学校の地域環境や学校規模環境が異なっていることに気づかされる。もともとは，小規模校では部活動数も

各部の部員数も少なく，施設・設備も不十分なため，生徒にとって十全な部活動ができないのではないかという問題関心だったが，先生方に話を伺ってみると，部活動に限らず，移動を伴う学校教育活動の大変さのほうが大きな問題と受け止められていることがわかってきた。

　移動に関わる地域差の問題については，たとえば，浪人生を含む四年制大学進学率は全国平均で53.9％だが，都道府県別には東京の72.5％に対して最も低い鹿児島県は32.1％と約40ポイントの差があることを指摘した朝日新聞の記事（2014）など，2010年代前半に四年制大学進学率の都道府県間格差が社会的に注目されるようになって，給付型奨学金制度の導入の世論喚起のきっかけとなったし，教育社会学ではそれ以前から関心がもたれて一定の研究蓄積もある。（吉川（2001），朴澤（2016）など）

　しかし，この観点だけでは，筆者が見学してきたような，どの都道府県にも一定数はあるへき地小規模校と都道府県庁所在地等の大中規模校との差はみえてこない。たとえば，近年の高校進学率は全国平均が98％程度で，最も高い県と最も低い県の差もせいぜい５ポイントほどにすぎない。だが，そのことをもって，高校進学率に都道府県間差がないから中学校から高校への進路形成にあたって地域格差の問題はないと言ってしまってよいだろうか。むしろ，平均50％で都道府県間の偏差が40ポイントもある大学進学率と違って，どの都道府県でも95％以上が高校に進学しているが故に，教育委員会や教員や保護者や中学生自身が目に見えないかたちで苦労している都道府県内格差が隠されていることはないだろうか。このことは，進路形成の場面だけでなく日頃の学校教育活動にもあてはまる。もしそのような都道府県内格差があるにもかかわらず，既存のデータではそれが問題としてみえてこないだけだったとしたら，それこそ個人の責任に帰されて負担を強いられることになりかねない。

　学校教育の問題の解決に取り組み，よりよい教育実践に向けて改善していくためには，都道府県間格差のような社会的に注目されている差だけでなく，都道府県内格差のようにあまり注目されていない差にも必要に応じて目を向けて調査を行って，実態や特徴とその課題を把握して，教育委員会，教員，保護者，児童・生徒の負担を軽減する施策につなげていくことも大切なのである。

　そのような調査は，なにも教育諸学者や統計的調査の専門家でなければできないわけではない。筆者が移動に関わる都道府県内格差があることを知ったのは，へき地小規模中学校の先生がその学校の部活動の抱える問題として指摘してくださったからである。第3章，第5章，第6章で紹介した質問紙調査によって，教育委員会や教員，教育関係団体，大学生などの教育関係者が調査をしたほうが，教育諸学者よりよほど社会的には注目されていない差の実態や特徴とその課題を浮かび上がらせることができるにちがいない。

　ただし，第10章1節で紹介した調査対象や調査規模の設定と「蒐集・分類・比較」の手順をふまえることが必要である。そのうえで，地域差や学校規模差に注目した調査を企画・設計し，分析・考察する際にとくに考慮すべき点は次の3点である。

　第1に，地域を捉える基準を設定する。調査対象とする範囲は，都道府県や市区町村といった地方自治体単位や町または字単位で考えるのか，または小学校や中学校の学区などの別の基準なのか。市区町村単位では，いわゆる「平成の合併」でそれまで3200余りあった市町村が1700余りに減ったことに留意したい。地域の分類軸を検討する際には，たとえば，政府統計ポータルサイト「e-Stat」等の公開されているアーカイブデータを利用するとよい。「e-Stat」のなかには，人口・世帯，自然環境，経済基盤，行政基盤や教育等の地域別統計データをまとめた「都

道府県・市区町村のすがた（社会・人口統計体系）」がある。これによって，人口や学校数はもちろん，地域の特徴を把握することができる。

　第2に，人を捉える基準を設定する。地域については，全人口で考えるか，小学生や中学生といった当該年齢層の人口なのか。学校については，教員または教職員の人数で考えるのか，児童・生徒の人数なのか。教員を捉える場合には，公立学校であれば「公立義務教育諸学校の学級編制及び教職員定数の標準に関する法律」等の法制度を基にしつつ，学校段階や設置者や自治体等の違いで学校の教職員の構成はさまざまなので，全教員なのか，教諭だけなのか，そのなかに養護教諭や栄養教諭等を含むのか否か，非常勤の講師等はどうするのか，教員以外に事務職員や部活動指導員等はどう扱うのかといったことをていねいに検討する必要がある。児童・生徒を捉える場合には，全児童・生徒数なのか，学年別・男女別の人数まで把握するのか，学級数を確認するのか，その場合に特別支援学級はどうするのかなどを検討する必要がある。

　第3に，明らかにしたい差を明確に示せるように，地域や人の分類軸を設定し，臨機応変に修正していく。注目されていない差といっても，まったく調査されたことがないものばかりでもない。3節で紹介するように，分析・考察の際の工夫でみえてくることもある。人口や教員数や児童・生徒数等の人数は量的な比率尺度の変数なので，どこで区切るかでみえ方が大きく変わってくる。学校現場で実感する規模の違いによる差を分析上の区切りにどう反映させるか，さまざまな工夫が求められる。

　なお，個人情報への配慮は第10章1節で指摘したとおりである。加えて，地域を分類して示す際に，都道府県はまだいいが，市区町村では既に1市町村に1校しか学校がない自治体もあるので，市町村名を明示するかどうかは事前に確認する必要がある。

2. 地域差や学校規模差に関する中学校教員対象調査の概要

　ここからは，地域差や学校規模差に関する質問紙調査の一例として，筆者が代表を務める研究グループによる「中学校教員の教育活動に関するアンケート」（以下，「教員調査」）を用いて，中学校の教育実践にみられる地域差や学校規模差について分析・考察していくことにしたい。なお，質問紙を章末に掲載したので，以下を読み進める際や質問紙調査を行う際に活用していただきたい（217ページ以降を参照）。

　「教員調査」は，学習指導・進路指導・生徒指導と部活動指導上の様子をふまえて，地域社会との関わりや学校規模の観点からこれからの中学校教育のあり方を考えることを目的に，とくにへき地小規模校の特徴を捉えることを意識して，離島の多い長崎県と鹿児島県並びに山間部の多い宮崎県の全公立中学校を対象に，2014年度に実施した。調査概要は**表13-1**のとおりである。他に2つの教員対象質問紙調査にも言及するので，合わせてその概要も簡単に示しておく。

表13-1　調査概要

中学校教員の教育活動に関するアンケート	①調査テーマ：中学校教員の学習指導・進路指導・生徒指導と部活動指導に関する調査。 ②調査方法：学校宛の郵送による質問紙調査。管理職対象の学校調査票と，基本的に各教科1名ずつ対象の教員調査票（10部）。 ③調査時期：2014年12月5日〜12月26日。 ④調査対象と回収状況：長崎県・宮崎県・鹿児島県の全公立中学校543校。回収数は学校調査票219票，教員調査票1443票。 ⑤主な調査内容： 学校調査票＝生徒数，教員数，部活動の設置状況と指導・運営体制や取り組みの様子など。 教員調査票＝学習指導・進路指導・生徒指導と部活動指導の様子，生徒の様子や地域の様子，教育観など。
中学校部活動のあり方，指導・運営に関するアンケート	①調査時期：2008年7月。 ②調査対象と回収状況：岩手県・東京都・新潟県・静岡県・奈良県・山口県・香川県・鹿児島県の全公立中学校1915校。回収数は学校調査票746票，教員調査票3026票。
中学校教員の部活動指導とその体制・環境に関するアンケート	①調査時期：2017年12月19日〜2018年1月10日。 ②調査対象と回収状況：岩手県・東京都・新潟県・長崎県・鹿児島県の公立中学校295校。回収数は学校調査票156票，教員調査票1616票。

3．学校規模別にみる部活動の実態や特徴
〜分類軸設定の工夫

　本節では，学校規模差を確認する一例として，学校規模別の部活動の実態と特徴を分析・考察しながら，分類軸の設定にあたりどのような工夫をしてきたかを紹介しよう。

（1）学級数に基づき均等に3カテゴリーに分類した「2008年調査」
　筆者たちの研究グループでは，これまで中学校教員対象の質問紙調査を4回行っており，その都度，学校規模を捉える分類軸を設定してきた。
　2回目の調査として2008年度に実施した「中学校部活動のあり方，指導・運営に関するアンケート」（以下，「2008年調査」）は，都県間の部活動運営の違いと顧問教員間の部活動指導の違いを探ることを目的としていた。前提として学校規模を把握するために，教員数と全生徒数の他に，学校基本調査を参考にして，学校全体の学級数を「1〜6クラス」「7〜12クラス」「13〜18クラス」「19クラス以上」の4つのカテゴリーからの単一選択で尋ねた。分析にあたっては，学校数ができるだけ均等に分かれるように「13〜18クラス」と「19クラス以上」をまとめて3つのカテゴリーからなる分類軸を設定した。この分類軸に従って平均部活動数を算出した結果，「1〜6クラス」＝6.5部，「7〜12クラス」＝12.9部，「13クラス以上」＝18.5部と，学校規模によって部活動数に差があることがわかった。
　このデータを各地の調査協力校に報告したところ，1学年1学級の学校の多い県の先生から，「1〜6クラス」という括りでは小規模校の特徴を捉えられておらず，少子化の進展に合わせて部活動数を検討する材

料として活用できないというご批判と，同じ1学年1学級であっても，40人近くいる場合と10人程度の場合では状況がまったく異なるので，学級数ではなく生徒数で分類して，小規模校の実態や特徴とその課題を示してほしいというアドバイスをいただいた。

（2）生徒数に基づき4カテゴリーに分類した「教員調査」

　2014年度に実施した「教員調査」は，へき地小規模校の学習指導・進路指導・生徒指導と部活動指導の実態と特徴を明らかにして改善すべき課題を抽出することが目的の1つであった。生徒数を分類軸にするために，学校調査票で全生徒数の他に各学年の男女別の人数を尋ねた。分析にあたってはアドバイスを参考に，1学年1学級以下の小規模校をさらに細かく分類できるように，「30人以下」「31人〜90人」「91人〜331人」「332人以上」の4つのカテゴリーを設定した。「331人」は当該年度の全国の中学校の平均生徒数である。

　この分類軸に従って平均部活動数を算出した結果，「30人以下」＝1.7部，「31人〜90人」＝3.9部，「91人〜331人」＝9.2部，「332人以上」＝17.2部と，「2008年調査」と比べてよりはっきりと部活動数が非常に少ない小規模校の実態を捉えることができた。一方で，「施設や設備，備品や道具が整っていないこと」に困っているかどうかを尋ねた質問には，予想に反して，**表13-2**のように小規模校よりも大規模校のほうが困っている教員の割合が高いことがわかった。ただし，この分類軸では全国平均の生徒数を超える規模の学校をひとまとめにしているため，1学年5〜6学級を超える大規模校の実態を捉えることができない。

表13-2　【教員調査】学校規模別にみた施設や設備，備品や道具が整っていないこと

（%）

	30人以下	31人〜90人	91人〜331人	332人以上
とても困ってる	4.3	10.3	10.2	12.2
まあ困ってる	27.2	24.6	33.0	23.8

（３）生徒数に基づき５カテゴリーに分類した「2017年調査」

　2017年度に実施した「中学校教員の部活動指導とその体制・環境に関するアンケート」（以下，「2017年調査」）は，学校規模と施設・設備状況と地域の社会教育状況の関係から適正部活動数を探ることが目的の１つであった。学校規模と施設・設備状況との関係を適切に分析するためには，全国平均の生徒数を大きく上回る大規模校を捉える指標が必要だ。そこで，「教員調査」で設定した４カテゴリーを改善して１学年５学級を超える規模の「601人以上」というカテゴリーを追加した。すると，表13-3のように，「施設や設備，備品や道具が整っていないこと」に困っている教員の割合は，「601人以上」の大規模校では56.6％と，より小さな規模の学校より10ポイント以上多いことがわかった。これを「教員調査」で設定した４カテゴリーで分類すると，表13-4のように「324人以上」の学校も「91人〜323人」の学校より少し多いくらいになってしまう。どちらの分類軸が実態により近いデータを示せているかは一目瞭然だろう。

表13-3　【2017年度調査】学校規模別にみた施設や設備，備品や道具が整っていないこと（５カテゴリー）

(%)

	30人以下	31人〜90人	91人〜323人	324人〜600人	601人以上
とても困ってる	5.3	13.5	14.2	16.9	18.3
まあ困ってる	23.7	31.3	29.4	28.3	38.3

表13-4　【2017年度調査】学校規模別にみた施設や設備，備品や道具が整っていないこと（４カテゴリー）

(%)

	30人以下	31人〜90人	91人〜323人	324人以上
とても困ってる	5.3	13.5	14.2	17.3
まあ困ってる	23.7	31.3	29.4	31.2

（4）小括〜部活動に関わる学校規模差の特徴と課題

　このように，調査を重ねるなかで明らかにしたいことに合わせて分類軸を改善しながら，より実態を反映できるようなデータをつくる工夫をしてきた。その結果，中学校の部活動には，生徒数に基づく学校規模に応じて2つの特徴があることがわかった。

　第1に，小規模校では部活動数が極端に少ない。このことは，生徒が自分のやりたいスポーツや芸術を選択する余地がないことを意味する。部活動は好きな活動を選べる点が一般的な特徴として理解されているが，小規模校にはその特徴はあたらない。そうであれば，小規模校で部活動をすることの意義や役割も大中規模校とは異なっているかもしれない。単にスポーツや芸術を享受することにとどまらず，学校規模によって異なる部活動の意義や役割について検討して，学校規模に応じた部活動のあり方を模索し，指導に活かしていくことが望まれる。

　第2に，大規模校のほうが施設・設備等が整っていないことに困っている教員の割合が多い。へき地小規模校の一般的な特徴として，十全な学校教育活動を行えるだけの施設・設備等が整っていないことが指摘されるように，大中規模校のほうが校庭や体育館は整ってはいるのだろう。ところが，大中規模校は部活動数が多いため，活動場所として校庭や体育館を共有している部も多くなり，譲り合って活動しなければいけない状況が生じる。週に1回は校舎内のランニングや体育館脇での筋トレだけで練習が早く終わる日があることや，卓球部が廊下に卓球台を運び出してきて練習することなどのいわゆる「部活あるある」は，この譲り合いの一例といえよう。実際，筆者たちの研究グループが2017年度に実施した中学校管理職対象の調査では，体育館を主な活動場所としている部は1校あたり平均2.8部だったが，学校規模が大きくなるほどその部数は多くなる。そうであれば，たとえば，同じ2時間の活動時間とい

っても，小規模校と大中規模校では，主な活動場所を使用してできる練習量には差があるかもしれない。学校規模によって異なる施設・設備状況をふまえて活動の実態について検討して，学校規模に応じた部活動のあり方を模索し，運営や指導に活かしていくことが望まれる。

4. 人口規模別にみる移動に関わる地域差 ～部活動と進路指導の課題

　本節では，地域差を確認する一例として，移動に注目して部活動と進路指導にどのような課題があるかを，中学校の立地する市町村の人口規模別に分析・考察していく。人口規模の指標は，高校や高等教育機関の設置状況の違いと，学校数がある程度均等に分かれることを考慮して，「2万人以下」「2万1人以上5万人以下」「5万1人以上20万人以下」「20万1人以上」の4つのカテゴリーを設定した。調査3県の「2万人以下」の自治体のほとんどは，県庁所在地から離れた離島や山間部に位置している。

（1） 部活動指導の課題～大会参加をめぐる地域差

　筆者たちの研究グループでは，中学校教員対象の質問紙調査で，部活動指導の際や顧問を担当するにあたってどのようなことに課題を感じているかを尋ねてきた。「2008年調査」までは，部活動指導の際の課題として主に日頃の練習や活動の場面について尋ねてきたが，「教員調査」では，見学先の先生方から伺った移動の問題として，「大会参加の時に会場までの移動に時間がかかること」（以下，「移動時間」）と「大会参加の時に会場までの移動や宿泊の経費がかかること」（以下，「移動経費」）の2項目を新たに尋ねた。その結果，図13-1のように，「とても

困っている」「まあ困っている」を合わせた割合が高かったのは，それまで尋ねてきた日頃の練習や活動の場面での課題ではなく，「移動時間」（37.9％）と「移動経費」（35.7％）だった。

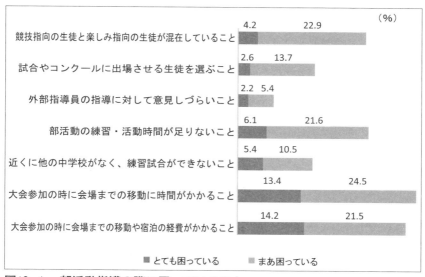

図13-1　部活動指導の際に困っていること

　日頃の練習や活動の場面での課題は，学校規模や顧問教員の技術指導が背景にあるが，大会参加時の「移動時間」と「移動経費」は学校の立地する地域特性が背景にある課題である。そこで表13-5と表13-6で人口規模別にみてみよう。「とても困っている」割合に注目すると，調査3県の県庁所在地を含む「20万1人」以上の自治体の教員では5％ほどしかいないが，人口規模が小さくなるにつれて「とても困っている」割合は高くなっていき，「2万人以下」の自治体の教員では3分の1もいる。「2万人以下」の自治体では，「まあ困っている」も合わせると6割

に上る。

　このデータからは，大会参加という移動をめぐって都道府県内格差が
ある実態が浮かび上がってくる。実際，「2万人以下」の自治体に多く
みられる離島や山間部などに立地する中学校では，県大会に参加するた
めに宿泊を伴った移動が必要な場合もあり，相当の経費負担になってい
る。そのため，移動費を補助している自治体もあるし，県大会への参加
をあきらめる生徒もいるという。

表13-5　人口規模別「移動時間」

(%)

	2万人以下	2万1人〜5万人	5万1人〜20万人	20万1人以上
とても困っている	32.4	15.9	9.2	5.0
まあ困っている	33.0	30.9	24.3	14.8

表13-6　人口規模別「移動経費」

(%)

	2万人以下	2万1人〜5万人	5万1人〜20万人	20万1人以上
とても困っている	34.1	17.2	9.5	5.3
まあ困っている	26.3	23.1	22.2	17.0

（2）進路指導の課題〜高校選択をめぐる地域差

　へき地小規模中学校を見学しに行って気がつくことは，その中学校か
ら遠からぬ範囲に高校がない場合が少なからずあることである。しか
し，その中学校の生徒たちが高校に進学していないわけではない。では，
へき地小規模中学校に勤務する教員たちは，生徒が進学する高校を選ぶ
ときにどのようなことを重視して指導したり，指導の際にどのようなこ
とに課題を感じたりしているのだろうか。

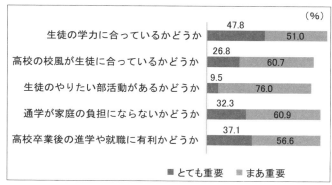

図13-2　進路指導で重視すること

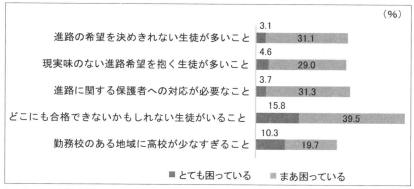

図13-3　進路指導上の課題

　進路指導で重視することについて**図13-2**をみてみると，「とても重要」の割合は，「生徒の学力に合っているかどうか」の47.8％が最も高く，以下「高校卒業後の進学や就職に有利かどうか」＝37.1％，「通学が家庭の負担にならないかどうか」（以下，「家庭の負担」）＝32.3％と続いている。進路指導上の困難について**図13-3**をみてみると，「とても困っている」と「まあ困っている」を合わせた割合は，「どこにも合格でき

ないかもしれない生徒がいること」(以下,「合格できない」)の55.3%が最も高く,他の項目はいずれも30%前後である。ただ,「勤務校のある地域に高校が少なすぎること」(以下,「高校少ない」)は,「とても困っている」だけをみると10.3%で,「合格できない」の15.8%に続いて多く,県内の高校の立地に偏りがあることが指導上の困難となっている様子がうかがえる。

では,どのような人口規模の自治体の教員が,地域特性を意識して指導をしたり指導上の困難を感じたりしているのだろうか。「家庭の負担」と「高校少ない」の2項目について,表13-7~8に人口規模別にまとめた。

「家庭の負担」について「とても重要」の割合は,「20万1人以上」と「5万1人~20万人」の自治体の教員では20%台後半にとどまるが,「2万1人~5万人」の自治体の教員では35.2%,「2万人以下」の自治体の教員では40.9%と,人口規模が小さくなるにつれて,高校通学に関わる家庭の負担を進路指導の際に考慮するようになっている。

表13-7　人口規模別にみた「家庭の負担」

(%)

	2万人以下	2万1人~5万人	5万1人~20万人	20万1人以上
とても重要	40.9	35.2	29.9	26.9
まあ重要	54.3	60.9	62.5	63.5

表13-8　人口規模別にみた「高校少ない」

(%)

	2万人以下	2万1人~5万人	5万1人~20万人	20万1人以上
とても困っている	29.6	11.8	5.2	1.9
まあ困っている	34.0	26.4	15.5	9.0

　「高校少ない」について「とても困っている」と「まあ困っている」を合わせた割合は、「20万1人以上」の自治体の教員では10.9％しかないが、「5万1人〜20万人」＝20.7％、「2万1人〜5万人」＝38.2％、「2万人以下」＝63.6％と、人口規模が小さくなるにつれて困っている割合が大幅に高くなっていく。とくに「とても困っている」割合だけに注目すると、「2万人以下」の自治体の教員では29.6％と、他の人口規模の自治体の教員と比べて非常に多い。

　なぜ人口規模が小さいと、高校通学にあたって家庭の負担を考慮したり地域に高校が少なすぎることに困ったりするのだろうか。調査3県の市町村に立地する高校の数を調べてみると、「2万人以下」の46市町村のうち25町村には高校がない。これが「2万1人〜5万人」の市町村になると必ず1校はあり、「5万1人〜20万人」の市では複数校、「20万1人以上」の市では10校以上ある。

　「2万人以下」の市町村にある中学校では、場合によってはその中学校のある市町村とは違う自治体の高校に生徒たちを進学させなくてはならない。バスや鉄道などでの通学に加えて親元を離れて寮生活や下宿生活をすることもある。そのため、高校通学に関わる家庭の負担を考慮するし、そもそも当該自治体に高校が少なすぎることに指導上の困難を感じていると考えられる。つまり、通学する高校選択という移動をめぐって人口規模の違いによる都道府県内格差があり、進路指導のあり方に影響を与えているのである。

（3）小括〜移動に関わる地域差の課題

　部活動と進路指導をめぐって移動に関わる地域差を人口規模別にみてみたところ、部活動に関しては大会参加の「移動時間」と「移動経費」に、進路指導に関しては「家庭の負担」の考慮と「高校少ない」という

困難の有無に，それぞれ都道府県内格差があることがわかった。

　部活動指導に関わっては，現在進められている部活動のあり方の見直しは，あくまで日頃の練習や活動が中心で，大会やコンクールの引率の負担についても議論されているが，想定されているのは日帰りでの移動であろう。しかし実際には，離島や山間部に多い「2万人以下」の自治体に限らず，都道府県大会への参加のために移動時間や経費が負担になっている事例はもっと多いと考えられる。大会参加のための移動にかかる時間や経費の問題は，部活動のあり方の次の段階の改善に向けて，これから真剣に検討していくことが望まれる。

　進路指導に関わっては，高校進学率が95％以上で何十年も推移してきて，社会で働くには高卒が当然とされる今日にあって，高校進学に際してこのような都道府県内格差があり，その差を市町村教育委員会や中学校教員や保護者が埋める努力をして，差にかかわらず高校に進学できる状況を実現している。だが，これからさらに少子化が進展し，中学校のみならず高校の統廃合も進んでいくことを考えるならば，高校進学にあたってどのような移動と経済的な負担があるのかという実態を十分に検証し，その格差に教育政策としてどのように対応していくのかを検討することが望まれる。

5.　これからの教育調査への示唆

　以上の考察をふまえて，地域差や学校規模差，またはあまり注目されていない差に目を向ける意味について少し考えてみよう。

　地域差も学校規模差も，言われてみれば，その違いによって実際に個々の学校で行われている教育活動に差が生じていることは理解できることであるが，第12章でも述べたように，自分の経験した学校がふつう

の学校のあり方で，どの学校でもそれと同じことが同じように行われていると思い込みがちである。そのために，本来なら改善に向けた取り組みがなされてしかるべきことが見落とされていることも少なくないだろう。とくに，本章で紹介したような部活動や高校選択のように，ほとんどの人が関わっている教育活動ほど見逃されがちで，その差による負担が教育委員会や教員や保護者や児童・生徒自身にしわ寄せしてしまっているのではないだろうか。

　そこで，日頃からそれぞれの学校の置かれている地域環境や学校規模環境の違いに目を向けて，その違いが教育活動にどのように影響しているかを確認しておくことも有益だろう。その方法として，1つには，教員や児童・生徒を対象に質問紙調査をする際に，管理職に学校規模（教職員数と児童・生徒数）を尋ねるように質問紙を設計することが挙げられる。3節で紹介したように，適切に人数を調査しておけば，分析・考察の際に，分類軸を工夫しながら，規模による差を探ることができる。

　また，それぞれの学校の教育活動は，当事者にとっては当たり前でも，第三者にはそうではないということがある。移動を伴う学校教育活動の大変さは，へき地小規模校では当たり前のことなので，当の先生方は問題だと捉えていなかったところに，筆者が部活動に関する課題を質問していくなかで問題として立ち上がってきたものだ。他の学校の教員と情報共有をしたり地域情報を意識的に集めたりすることで地域差に気づくこともできよう。筆者は，学校見学に伺う際は，少し早めに行って学校の周りを歩いて回ったり，地域社会の郷土資料館などがあればできる限り見学したりするように心がけている。

　このような取り組みを通して地域特性の違いはもちろん，あまり注目されていない差に気づいていくことで，教育実践の改善や教育問題の解決に取り組んでいくことが望まれる。

引用・参考文献

朝日新聞，2014，「大学進学率　地域差が拡大」10月15日朝刊。
朴沢泰男，2016，『高等教育機会の地域格差』東信堂。
香川めい・児玉英靖・相澤真一，2014，『＜高卒当然社会＞の戦後史』新曜社。
吉川徹，2001，『学歴社会のローカル・トラック』世界思想社。

学習課題

　あなたがこれまで勤務したことのある学校の学校規模と立地する自治体（市区町村）の人口を調べてみよう。そのうえで，学校規模や人口規模の違いがそれぞれの学校でのどのような教育活動に影響していたか考えてみよう。

2014年12月

中学校教員の教育活動に関する
アンケート
＜学校調査票＞

中等教育研究会

西島　央　（首都大学東京）
藤田　武志　（日本女子大学）
矢野　博之　（大妻女子大学）

調査ご協力のお願い

　この調査は、文部科学省・日本学術振興会の科学研究費補助金を受けて、中学校の先生がたに、学習指導・進路指導・生徒指導と部活動指導のようすを伺い、地域社会との関わりや学校規模の観点から、これからの中学校教育のあり方を考える参考にしようとするものです。みなさんにご記入いただいた後、すぐにコンピュータに入力し、結果はすべてパーセントを計算するなど統計的に処理しますので、だれが何を答えたかがだれかに知られるようなことは決してありません。

　このアンケートの趣旨にご理解、ご協力をいただきますようお願いいたします。

はじめに貴校の概況についてうかがいます。

Q1 貴校の学校名をお答えください（かっこの中にご記入ください）。

（　　　　　　）県　　（　　　　　　　　　　）立（　　　　　　　　　　　）中学校

Q2 貴校の教員数をお答えください（2014年12月1日現在）。

管理職（　　　）人　　教諭（　　　）人
非常勤講師（　　　）人　　養護教諭（　　　）人

Q3 貴校の生徒数をお答えください（2014年12月1日現在）。

全校生徒（　　　）人：1年生　男子（　　　）人　女子（　　　）人
　　　　　　　　　　　2年生　男子（　　　）人　女子（　　　）人
　　　　　　　　　　　3年生　男子（　　　）人　女子（　　　）人

Q4 貴校は、各学年それぞれ何クラスありますか。特別支援学級も含めてお答えください。

1年生（　　　）クラス　　2年生（　　　）クラス　　3年生（　　　）クラス
うち特別支援学級（　　　）クラス　　（　　　）クラス　　（　　　）クラス

Q5 貴校の学級の教室の面積、高さをお答えください。複数タイプある場合は教室数の多い方をお答えください。

タテ（　　　）m　　ヨコ（　　　）m　　高さ（　　　）m

Q6 貴校では、次に挙げる公共施設等を同じ建物内や敷地内に併設していますか。併設している施設について、**あてはまる番号すべて**に〇をつけてください。

1. 小学校　　2. 幼稚園　　3. 保育所　　4. 図書館　　5. 公民館等社会教育施設
6. 体育館等社会体育施設　　7. 高齢者施設　　8. 保健所・医院・歯科医院
9. 役所等行政施設　　10. 住宅やオフィス等民間施設　　11. その他（具体的に　　　　）

Q7 貴校の生徒の主だった通学方法は何ですか。次のA～Gにあてはまるおおよその割合をお答えください。

A. 徒歩．．．．．（　　　）割程度
B. 自転車．．．．（　　　）割程度
C. 公共バス．．．（　　　）割程度
D. 鉄道．．．．．（　　　）割程度
E. 保護者の車など．（　　　）割程度
F. スクールバス．（　　　）割程度
G. その他．．．．（　　　）割程度

Q8 貴校の周辺（学校から徒歩30分程度の範囲）に以下の施設はありますか。A～Fのそれぞれについて、**あてはまる番号一つ**に〇をつけてください。

A. 図書館．．．．1. ある　　2. ない
B. 公民館．．．．1. ある　　2. ない
C. 体育館．．．．1. ある　　2. ない
D. 児童館．．．．1. ある　　2. ない
E. 公園．．．．．1. ある　　2. ない
F. 学習塾．．．．1. ある　　2. ない

つぎに貴校の部活動に対する指導・運営の体制や取り組みのようすについてうかがいます。

Q9　貴校の教員のうち、何人のかたが部活動の顧問を担当していますか。

（　　　　　　　　）人

Q10　そのような体制は、どのようにして定まったのですか。**あてはまる番号一つ**に〇をつけてください。
1. 全員が顧問を担当するのが学校のルールとなっており、管理職や部活動担当の責任者の主導で決めた
2. 全員が顧問を担当するのが学校のルールとなっており、各教員の担当希望の部を調整して決めた
3. 顧問の担当のルールはなく、各教員の担当の可否や担当の部の希望をふまえて決めた
4. その他（　　　　　　　　　　　　　　　　　　　　　　　　　　　　　　　　　　　）

Q11　貴校では、生徒に対して、学校全体として部活動に入ることを基本的に義務にしていますか。
あてはまる番号一つに〇をつけてください。
1. 義務にしている　　　　2. 義務にはしていない

Q12　貴校の部活動では、外部指導員(コーチ)を依頼していますか。**あてはまる番号一つ**に〇をつけてください。かっこ内には、依頼している部数と、外部指導員の人数を記入してください。
1. 依頼している ──→ （　　　　）部、合計（　　　　）人
2. 依頼していない

Q13　貴校では、過去3年間(平成24～26年)に創部または廃部した部活動はありますか。A、Bのそれぞれについて、**あてはまる番号一つ**に〇をつけてください。かっこ内には、創廃部された部活動の部数を記入してください。

A. 創部された部活動...1. ない　　2. ある　（　　　　）部
B. 廃部された部活動...1. ない　　2. ある　（　　　　）部

Q14　貴校の部活動では、過去3年間(平成24～26年)に、他校と合同チームをつくって大会やコンクールに参加した部 (合同チーム) や、ふだんから他校と練習や活動を一緒に行っている部 (複数校合同部活動) はありますか。A、Bのそれぞれについて、**あてはまる番号一つ**に〇をつけてください。かっこ内にはそれぞれの取り組みをしている部活動の部数を記入してください。

A. 合同チーム......1. ない　　2. ある　（　　　　）部
B. 複数校合同部活動...1. ない　　2. ある　（　　　　）部

Q15　貴校では、部活動の指導・運営にあたって、次のことがらについてどのくらい困っていますか。A～Hのそれぞれについて、**あてはまる番号一つ**に〇をつけてください。

	とても困っている	まあ困っている	あまり困っていない	まったく困っていない
A. 施設や設備、備品や道具が整っていないこと	1	2	3	4
B. 活動に十分な生徒の人数が集まらない部があること	1	2	3	4
C. 部活動の運営費用が足りないこと	1	2	3	4
D. 適切な外部指導員を得られないこと	1	2	3	4
E. 部活動の時間や量が教員の負担になっていること	1	2	3	4
F. 教員が顧問を担当するのは職務かどうかがあいまいなこと	1	2	3	4
G. 大会参加のための移動の時間が負担になっていること	1	2	3	4
H. 大会参加のための移動の経費が負担になっていること	1	2	3	4

裏面に続きます

Q16　貴校に以下の部活動はありますか。あてはまるものすべてについて、（　　）に、今年度4月〜5月に正式に
部活動が始まった時点での**1年生から3年生までの全学年の部員数**を記入してください。
名称は、完全に合致していなくても、活動内容がそれであると判断すれば、該当にしてください。

例）　テニス部を例に…
　　　① 女子部だけある場合　　　　　　　　　テニス部【男（　　　　）・女（ 1 2 ）】
　　　② 男子部と女子部が別々にある場合　　　テニス部【男（　8　）・女（ 1 0 ）】
　　　③ 男女の別なくある場合　　　　　　　　テニス部【男（　5　）・女（　8　）】

【運動・スポーツ系】
屋外競技
　駅伝　　　　　　　　【男（　　）・女（　　）】　　　カヌー　　　【男（　　）・女（　　）】
　スキー　　　　　　　【男（　　）・女（　　）】　　　相撲　　【男（　　）・女（　　）】
　陸上競技　　　　　　【男（　　）・女（　　）】
球技
　ゴルフ　　　　　　　【男（　　）・女（　　）】　　　サッカー　　【男（　　）・女（　　）】
　ソフトテニス　　　　【男（　　）・女（　　）】　　　ソフトボール【男（　　）・女（　　）】
　卓球　　　　　　　　【男（　　）・女（　　）】　　　テニス　　　【男（　　）・女（　　）】
　バスケット　　　　　【男（　　）・女（　　）】　　　バレーボール【男（　　）・女（　　）】
　ハンドボール　　　　【男（　　）・女（　　）】　　　ラグビー　　【男（　　）・女（　　）】
　硬式野球　　　　　　【男（　　）】　　　　　　　　　軟式野球　　【男（　　）・女（　　）】
屋内競技
　アイスホッケー　　　【男（　　）】　　　　　　　　　空手　　　　【男（　　）・女（　　）】
　弓道　　　　　　　　【男（　　）・女（　　）】　　　剣道　　　　【男（　　）・女（　　）】
　柔道　　　　　　　　【男（　　）・女（　　）】　　　少林寺拳法　【男（　　）・女（　　）】
　新体操　　　　　　　【男（　　）・女（　　）】　　　水泳　　　　【男（　　）・女（　　）】
　スピードスケート　　【男（　　）・女（　　）】　　　体操　　　　【男（　　）・女（　　）】
　飛び込み　　　　　　【男（　　）・女（　　）】　　　なぎなた　　【男（　　）・女（　　）】
　バドミントン　　　　【男（　　）・女（　　）】　　　バトン　　　【女（　　）】
　フィギュアスケート【男（　　）・女（　　）】　　　フェンシング【男（　　）・女（　　）】
　ホッケー　　　　　　【男（　　）・女（　　）】　　　レスリング　【男（　　）・女（　　）】

【文化・芸術系】
　囲碁（　　）　　　園芸（　　）　　　演劇（　　）　　　音楽（　　）　　　科学（　　）
　華道（　　）　　　茶道（　　）　　　写真（　　）　　　手芸（　　）　　　珠算（　　）
　将棋（　　）　　　新聞（　　）　　　生物（　　）　　　地理（　　）　　　鉄道（　　）
　美術（　　）　　　放送（　　）　　　落語（　　）　　　理科（　　）　　　料理（　　）
　歴史（　　）　　　吹奏楽（　　）　　郷土芸能（　　）　　　書道・書写（　　）
　漫画やイラスト（　　）　　　民謡・民舞など（　　）　　　邦楽（箏曲など）（　　）
　コンピュータ（系）（　　）　　　英語関係（英会話など）（　　）
　合唱・コーラス【男（　　）・女（　　）】

【どちらにも該当しうるもの】　ダンス【男（　　）・女（　　）】

【その他上記にないもの】
　（　　　　　　　）部　【男（　　）・女（　　）】
　（　　　　　　　）部　【男（　　）・女（　　）】
　（　　　　　　　）部　【男（　　）・女（　　）】
　（　　　　　　　）部　【男（　　）・女（　　）】

これで終わりです。ご協力ありがとうございました。

2014年12月

中学校教員の教育活動に関する
アンケート

中等教育研究会
西島　央　（首都大学東京）
藤田　武志（日本女子大学）
矢野　博之（大妻女子大学）

調査ご協力のお願い

　この調査は、文部科学省・日本学術振興会の科学研究費
補助金を受けて、中学校の先生がたに、学習指導・進路指
導・生徒指導と部活動指導のようすを伺い、地域社会との
関わりや学校規模の観点から、これからの中学校教育のあ
り方を考える参考にしようとするものです。みなさんにご
記入いただいた後、すぐにコンピュータに入力し、結果は
すべてパーセントを計算するなど統計的に処理しますの
で、だれが何を答えたかがだれかに知られるようなことは
決してありません。

　このアンケートの趣旨にご理解、ご協力をいただきます
ようお願いいたします。

222

はじめに、あなたご自身と、現在の勤務のようすについてうかがいます。

Q1 あなたの性別をお答えください。

1. 男　　2. 女

Q2 あなたの現在の満年齢、教職経験年数、および現在の勤務校での勤続年数をお答えください。

A. 満年齢	2014年4月1日現在で（	）歳
B. 教職経験年数	2014年度で（	）年目
C. 現在の勤務校は	2014年度で（	）年目

Q3 あなたの勤務校の経歴についてうかがいます。A、Bのそれぞれについて、**あてはまる番号一つに〇をつけて**ください。

A. 一学年が<u>20人未満</u>の学校に勤めたことがある	1. ある	2. ない
B. 一学年が<u>5クラス以上</u>の学校に勤めたことがある	1. ある	2. ない

Q4 あなたが現在主に担当している教科は何ですか。**あてはまる番号一つに〇をつけてください。**

1. 国語　2. 数学　3. 社会　4. 理科　5. 外国語　6. 音楽　7. 美術　8. 保健体育 9. 技術　10. 家庭　11. その他（　　　　　　　　）　12. 現在教科は担当していない

Q5 あなたが現在担任している学年（副担任も含む）についておたずねします。**あてはまる番号一つに〇をつけて**ください。

1. 1年生の担任　2. 2年生の担任　3. 3年生の担任　4. 特別支援学級の担任　5. 担任はしていない

Q6 あなたの勤務のある平日のふだんの生活の時間についておたずねします。A、Bのそれぞれについて、**あてはまる番号一つに〇をつけてください。**

A. 退勤時刻は、だいたい何時ごろですか。 1. 17時ごろ　2. 17時半ごろ　3. 18時ごろ　4. 18時半ごろ　5. 19時ごろ 6. 19時半ごろ　7. 20時ごろ　8. 20時半ごろ　9. 21時ごろ　10. 21時半以降
B. 家で、学校の仕事（教材研究、事務処理、生徒への連絡など）に費やす時間はどのくらいですか。 1. ほとんどしない　2. 15分くらい　3. 30分くらい　4. 1時間くらい　5. 1時間半くらい 6. 2時間くらい　7. 2時間半くらい　8. 3時間以上

次に、学習指導・進路指導・生徒指導等、あなたの職務全般についてうかがいます。

Q7 あなたの1週間のうちの授業や指導の持ち時間数は、何時間になりますか。A、Bのそれぞれについて、時間数をお答えください。

A. 担当している授業の総時間数・・・・・・・・・・・・・・（　　　　）時間
B. 特別活動（HRを含む）や道徳、総合的な学習の時間・・（　　　　）時間

1

Q8　あなたが現在勤務している中学校の生徒についてうかがいます。次のような生徒はどのくらいいますか。A〜Hのそれぞれについて、**あてはまる番号一つに〇をつけてください。**

	9割以上	7割程度	5割程度	3割程度	1割未満
A．校則をきちんと守る	1	2	3	4	5
B．あいさつをしっかりとする	1	2	3	4	5
C．授業中、先生の話をきちんと聞いている	1	2	3	4	5
D．宿題をきちんとやってくる	1	2	3	4	5
E．昼休みには活発に遊んでいる	1	2	3	4	5
F．文化祭や学芸発表会に積極的に参加する	1	2	3	4	5
G．体育大会（運動会）に積極的に参加する	1	2	3	4	5
H．生徒会や学級の係の仕事に積極的に参加する	1	2	3	4	5

Q9　あなたは、授業で受け持っている生徒についてどのくらいご存知ですか。A、Bのそれぞれについて、**あてはまる番号一つに〇をつけてください。**

	とてもあてはまる	まああてはまる	あまりあてはまらない	まったくあてはまらない
A．生徒たちの友人関係をほとんど知っている	1	2	3	4
B．生徒たちの休みの日の過ごし方をほとんど知っている	1	2	3	4

Q10　あなたが担当している教科では、少人数制の授業（習熟度別を含む）を行っていますか。**あてはまる番号一つに〇をつけてください。**担当している一部の学年で行っている場合も、「1. はい」に〇をつけてください。

> 1.　はい　→1クラス約（　　　　　）人
> 2.　いいえ

Q11　あなたは、担当している教科の授業をふだん学級の教室で行っていますか。**あてはまる番号一つに〇をつけてください。**行っている場合は、ＳＱにもお答えください。

> 1.　学級の教室で行っている　　　→　SQ1〜2にお答えください
> 2.　特別教室や専用の施設で行っている　→　Q12にすすんでください

> **SQ1**　担当している学級の教室に関して、あなたはどのように感じていますか。A〜Hのそれぞれについて、感じたままお答えください。
>
> | | そう思う | どちらかといえばそう思う | どちらでもない | どちらかといえばそう思う | そう思う | |
> |---|---|---|---|---|---|---|
> | A．教室がゆったりした感じ | 1 | 2 | 3 | 4 | 5 | きゅうくつな感じ |
> | B．天井が高い感じ | 1 | 2 | 3 | 4 | 5 | 天井が低い感じ |
> | C．教室がすいている感じ | 1 | 2 | 3 | 4 | 5 | 混んでいる感じ |
> | D．教室が開放的な感じ | 1 | 2 | 3 | 4 | 5 | 圧迫感がある感じ |
> | E．教室が落ち着いた感じ | 1 | 2 | 3 | 4 | 5 | 落ち着かない感じ |
> | F．教室がにぎやかな感じ | 1 | 2 | 3 | 4 | 5 | さびしい感じ |
> | G．教室が広い感じ | 1 | 2 | 3 | 4 | 5 | せまい感じ |
> | H．教室がすっきりした感じ | 1 | 2 | 3 | 4 | 5 | ごちゃごちゃした感じ |

> **SQ2**　あなたは、現在の生徒数に対する学級の教室の広さをどのように感じていますか。**あてはまる番号一つに〇をつけてください。**
>
> 1.　生徒数に対して教室の広さが適切であり、授業もしやすい
> 2.　生徒数に対して教室が広いが、授業をする上で支障はきたさない
> 3.　生徒数に対して教室が広く、授業がしづらいと感じることもある
> 4.　生徒数に対して教室が狭いが、授業をする上で支障はきたさない
> 5.　生徒数に対して教室が狭く、授業がしづらいと感じることもある

2

224

Q12 あなたは、担当している教科の授業の際に、どのような授業方法を心がけていますか。A～Lのそれぞれについて、**あてはまる番号一つ**に○をつけてください。

	多くするように心がけている	まあ心がけている	あまり心がけていない
A. 教師主導の講義形式の授業	1	2	3
B. 教科書にそった授業	1	2	3
C. 自作プリントを使った授業	1	2	3
D. 教材を工夫した授業（具体物を使うなど）	1	2	3
E. 自分で調べことを取り入れた授業	1	2	3
F. 体験することを取り入れた授業	1	2	3
G. 表現活動を取り入れた授業	1	2	3
H. 個別学習を取り入れた授業	1	2	3
I. グループ活動を取り入れた授業	1	2	3
J. 自由に議論する授業	1	2	3
K. 教科横断的な授業や合科的な授業	1	2	3
L. 小テストを実施する授業	1	2	3

Q13 あなたは、授業中次の時間をうまくとることができていますか。A～Gのそれぞれについて、**あてはまる番号一つ**に○をつけてください。

	とてもできている	まあできている	あまりできていない	まったくできていない	その時間を必要としない
A. 生徒が考えたり話し合ったりする時間	1	2	3	4	5
B. 生徒による質疑の時間	1	2	3	4	5
C. 生徒の発言や発表の時間	1	2	3	4	5
D. 机間指導や生徒に個別に対応する時間	1	2	3	4	5
E. 教員からの解説の時間	1	2	3	4	5
F. 教科書の内容をしっかり学ばせる時間	1	2	3	4	5
G. 練習や演習の時間	1	2	3	4	5

Q14 あなたは、あなたが担当している教科の実際の授業について、次の観点から見るとどのくらい達成できていると思いますか。A～Cのそれぞれについて、**あてはまる番号一つ**に○をつけてください。

	とてもできている	まあできている	あまりできていない	まったくできていない
A. 学習指導要領の定める基準	1	2	3	4
B. あなた自身が掲げる理想のカリキュラム	1	2	3	4
C. 授業を通じて生徒の到達すべき習熟度	1	2	3	4

Q15 あなたの学習指導の進め方や、心がけている授業のスタイルについてうかがいます。A、Bのそれぞれについて、**あてはまる番号一つ**に○をつけてください。

	アの考えに近い	どちらかと言えばアの考えに近い	どちらかと言えばイの考えに近い	イの考えに近い	
A. ア. 一斉指導を重視して進める	1	2	3	4	イ. グループ活動や個人指導を重視して進める
B. ア. 主に教師が進めて、理解させる（教師主導）	1	2	3	4	イ. 主に子どもに活動させ、学ばせる（生徒中心）

3

Q16 あなたは、あなたが授業を受け持っている生徒の様子について、次のようなことをどのくらい感じていますか。A〜Eのそれぞれについて、**あてはまる番号一つ**に○をつけてください。

	とても 感じる	まあ 感じる	あまり 感じない	まったく 感じない
A. 授業に集中しない生徒がいる	1	2	3	4
B. 生徒から意見や質問が出ない	1	2	3	4
C. 生徒の競争意識が低い	1	2	3	4
D. 生徒間の学力差が大きくて授業しにくい	1	2	3	4
E. 生徒が何を考えているのかわからない	1	2	3	4

Q17 あなたの進路指導のようすについてうかがいます。生徒が進学する高校を選ぶとき、あなたは次のことをどのくらい重視して指導しますか。A〜Eのそれぞれについて、**あてはまる番号一つ**に○をつけてください。

	とても 重要	まあ 重要	あまり 重要でない	まったく 重要でない
A. 生徒の学力に合っているかどうか	1	2	3	4
B. 高校の校風が生徒に合っているかどうか	1	2	3	4
C. 生徒のやりたい部活動があるかどうか	1	2	3	4
D. 通学が家庭の負担にならないかどうか	1	2	3	4
E. 高校卒業後の進学や就職に有利かどうか	1	2	3	4

Q18 あなたは、現在勤務している学校での進路指導に関して、次のようなことにどのくらい困っていますか。A〜Eのそれぞれについて、**あてはまる番号一つ**に○をつけてください。

	とても 困っている	まあ 困っている	あまり 困っていない	まったく 困っていない
A. 進路の希望を決めきれない生徒が多いこと	1	2	3	4
B. 現実味のない進路希望を抱く生徒が多いこと	1	2	3	4
C. 進路に関する保護者への対応が必要なこと	1	2	3	4
D. どこにも合格できないかもしれない生徒がいること	1	2	3	4
E. 勤務校のある地域に高校が少なすぎること	1	2	3	4

Q19 あなたが現在勤務している学校での生徒指導のようすについてうかがいます。あなたは、次のような生徒指導上の問題にこの一年でどのくらい関わりましたか。A〜Gのそれぞれについて、その頻度に**最も近い番号一つ**に○をつけてください。

	週2回以上	週1回	月1回程度	学期に1回程度	なかった
A. 服装指導	1	2	3	4	5
B. 携帯やお菓子等の不要物持込み	1	2	3	4	5
C. 家出	1	2	3	4	5
D. 不登校	1	2	3	4	5
E. いじめ	1	2	3	4	5
F. 器物損壊含む校内暴力	1	2	3	4	5
G. 飲酒・喫煙	1	2	3	4	5

Q20 生徒指導をするとき、あなたは次のことをどのくらい重視して指導しますか。A〜Eのそれぞれについて、**あてはまる番号一つ**に○をつけてください。

	とても 重視する	まあ 重視する	あまり 重視しない	まったく 重視しない
A. きちんとあいさつをするかどうか	1	2	3	4
B. 適切な身なりをしているかどうか	1	2	3	4
C. 持ち込み禁止物等の検査	1	2	3	4
D. 放課後は寄り道せずに帰らせること	1	2	3	4
E. 生徒の向上心を刺激すること	1	2	3	4

4

Q21 あなたは、服装やあいさつなどの生活面について、次のどの人たちとの人間関係が生徒に最も影響していると感じていますか。**あてはまる番号一つ**に〇をつけてください。

1. 担任の教師
2. 部活動の顧問教師
3. 担任や部活動の顧問以外の教師
4. 地域の人々
5. 生徒の家族
6. 生徒の友人
7. 生徒の先輩

Q22 あなたは、生徒指導について、次のようなことにどのくらい悩みを感じていますか。A〜Eのそれぞれについて、**あてはまる番号一つ**に〇をつけてください。

	とても感じる	まあ感じる	あまり感じない	まったく感じない
A. 生徒の向上心が低いこと	1	2	3	4
B. 服装指導などの生活指導に時間がかかりすぎること	1	2	3	4
C. 保護者の協力が得られないこと	1	2	3	4
D. 生徒指導による精神的負担が大きいこと	1	2	3	4
E. 生徒指導に困難を感じた時に協力的な同僚がいないこと	1	2	3	4

Q23 あなたは、現在勤務している学校に次のような生徒がどのくらいいると感じていますか。A〜Fのそれぞれについて、**あてはまる番号一つ**に〇をつけてください。

	9割以上	7割程度	5割程度	3割程度	1割未満
A. 学習や部活動を問わず向上心の高い生徒	1	2	3	4	5
B. 自分の気持ちを他人に伝える能力の高い生徒	1	2	3	4	5
C. 友だちと協力し合うことのできる生徒	1	2	3	4	5
D. 新たな環境に適応する能力の高い生徒	1	2	3	4	5
E. 学習や部活動を問わず競争意識の高い生徒	1	2	3	4	5
F. 知識や経験を活かした判断のできる生徒	1	2	3	4	5

ここからは、部活動についてうかがいます。

Q24 あなたは現在（2014年度）、何部の顧問を担当していますか。**あてはまる番号一つ**に〇をつけてください。かっこ内には、その部活動の名前を書いてください。

1. 部活動を**1つ**担当しているかた ──────────→ （　　　　　　　）部
2. 部活動を**2つ以上**担当しているかた → 最も多く顔を出しているのは（　　　　　）部
　　　　　　　　　　　　　　　　　　　　その他に（　　　　　　　　　　）部
3. 担当していない ──────────→ **11ページのQ52まですすんでください。**

以下、Q25〜Q51の質問には、あなたの担当している部活動について、答えてください。また、2つ以上の部活動を担当されているかたは、「最も多く顔を出している」と答えた部活動について、答えてください。

Q25 あなたは現在勤務している学校で**その部を担当して、今年度で何年目**になりますか。

2014年度で　（　　　　　　　）年目

Q26　あなたの担当している部活動の活動種目について、あなた自身が、その部を担当する経緯は、どのようないきさつでしたか。**あてはまる番号一つに**〇をつけてください。

> 1. 今担当している部を自ら希望して引き受けた
> 2. ほかの部を希望していたが、今担当している部を引き受けることになった
> 3. 何部の顧問でもよかったので、引き受けた
> 4. 部活動の顧問は引き受けたくはなかったが、担当することになった

Q27　あなたの担当している部活動の指導体制はどのようなものですか。**あてはまる番号一つに**〇をつけてください。

> 1. あなた一人で管理運営・技術指導の両方を担当している
> 2. 複数で指導している（あなたが管理運営を、他の教職員や外部指導員（コーチ）が技術指導を分担している）
> 3. 複数で指導している（あなたが管理運営・技術指導の両方を担当し、他の教職員や外部指導員（コーチ）が技術指導に加担してくれている）
> 4. 複数で指導している（あなたが技術指導を、他の教職員が管理運営を分担している）
> 5. 管理運営はあなたが責任を負うが、技術指導ではとくに指導する者はおらず、生徒に任せている
> 6. 複数で指導しているが、自分は副顧問で管理運営・技術指導とも主顧問が責任を負っている
> 7. その他（　　　　　　　　　　　　　　　　　　　　　　　　　　　　）

Q28　あなたの担当している部活動について、外部指導員（コーチ）体制はどのようにしていますか。**あてはまる番号一つに**〇をつけてください。外部指導員がいる場合には、ＳＱにもお答えください。

> | 外部指導員（コーチ）はいますか | 1. はい（　　　　　）人 → ＳＱ１～３にお答えください |
> | | 2. いいえ → Q29にすすんでください |

> ＳＱ１　現在の外部指導員はいつから指導していますか。**あてはまる番号一つに**〇をつけてください。また貴校におけるその外部指導員の指導年数がわかる場合は、**かっこ内に、年数を**書いてください。
> 1. 自分の着任以降から　→指導歴（　　　）年以上
> 2. 自分の着任以前から　→指導歴（　　　）年以上

> ＳＱ２　現在の外部指導員はどのような立場のかたですか。**あてはまる番号すべてに**〇をつけてください。
> 1. 生徒の保護者　　　　　　　　　2. 道場や教室などでも教えている資格を持った地域のかた
> 3. 「2」以外の地域のかた　　　　4. 部のＯＢ・ＯＧである高校生・大学生
> 5. 部のＯＢ・ＯＧではない高校生・大学生　　6. 別の学校の教員
> 7. 退職した教員　　　　　　　　　8. その他（　　　　　）

> ＳＱ３　現在の外部指導員を依頼した理由は何ですか。A～Cのそれぞれについて、**あてはまる番号一つに**〇をつけてください。
> A. 教員の異動等で、技術指導できる顧問がいなかったから. . . . . 1. あてはまる　　2. あてはまらない
> B. 教員の負担軽減のために、活用できる人材として確保できたから. 1. あてはまる　　2. あてはまらない
> C. 指導に長けた人材が先にあって、それを活かそうとしたから. . . 1. あてはまる　　2. あてはまらない

Q29　あなたの担当している部活動について、保護者会の体制はどのようなものですか。**あてはまる番号一つに**〇をつけてください。

> 1. 保護者会があり、熱心に支援してくれる
> 2. 保護者会は形としてあるが、盛んではない
> 3. 保護者会はない

Q30 あなたの担当している部活動について、次に挙げるような後援のしくみや取り組みはありますか。A〜Dのそれぞれについて、**あてはまる番号一つ**に○をつけてください。

A. 部の卒業生によるOB・OG会組織	1. ある	2. ない
B. 部活動振興会のような地域の学校関係者による組織	1. ある	2. ない
C. 市町村の教育委員会による活動経費や外部指導員の手配などの助成 . . .	1. ある	2. ない
D. 学校のある地域の企業や団体などによる助成や後援	1. ある	2. ない

Q31 あなたの担当している部活動の規模についてお答えください。今年度4月〜5月に、正式に部活動が始まった時点での1年生から3年生までの部員数をかっこ内に記入してください。

	男 子	女 子
1年生	（　　　）人	（　　　）人
2年生	（　　　）人	（　　　）人
3年生	（　　　）人	（　　　）人

Q32 あなたの担当している部活動の、大会やコンクールでの成績や活動実績についておたずねします。あなたの部はここ数年、県内でどのくらいのレベルですか。**あてはまる番号一つ**に○をつけてください。

1. 上の方　　2. ふつうくらい　　3. 下の方　　4. わからない　　5. 大会やコンクールには出場していない

Q33 あなたの担当している部活動では、部の方針や目標等を中心となって決めているのは誰ですか。**あてはまる番号一つ**に○をつけてください。

1. あなた自身	2. 別の顧問教師
3. 部員（部長やキャプテンなど）	4. 部員全体での合議
5. 外部指導員	6. その他（　　　　　　　　　）

Q34 あなたの担当している部活動は、次のようなときに活動や練習がありますか。A〜Fのそれぞれについて、**あてはまる番号一つ**に○をつけてください。

A. 月曜〜金曜の放課後	1. ある ⟶	週に（　　　）日	2. ない
B. 月曜〜金曜の早朝	1. ある ⟶	週に（　　　）日	2. ない
C. 月曜〜金曜の昼休み	1. ある ⟶	週に（　　　）日	2. ない
D. 土曜	1. ある ⟶	1ヶ月に（　　　）日	2. ない
E. 日曜	1. ある ⟶	1ヶ月に（　　　）日	2. ない
F. 夏休み	1. ある ⟶	週に（　　　）日	2. ない

Q35 部活動のある日のうち、あなた自身は活動や練習にどのくらい顔を出していますか。A〜Fのそれぞれについて、**あてはまる番号一つ**に○をつけてください。

	10〜9割	8〜6割	5割以下	活動なし
A. 月曜〜金曜の放課後	1 ———	2 ———	3 ———	4
B. 月曜〜金曜の早朝	1 ———	2 ———	3 ———	4
C. 月曜〜金曜の昼休み	1 ———	2 ———	3 ———	4
D. 土曜	1 ———	2 ———	3 ———	4
E. 日曜	1 ———	2 ———	3 ———	4
F. 夏休み	1 ———	2 ———	3 ———	4

Q36　あなたの担当している部活動の主な練習や活動の場所はどこですか。**あてはまる番号一**つに○をつけてください。
1. 学校内の施設のみ使用
2. 主に学校内の施設だが、たまに他の学校の施設や公共施設を使用
3. 主に他の学校の施設や公共施設だが、たまに学校内の施設を使用
4. 他の学校の施設や公共施設のみ使用

Q37　あなたの担当している部活動は、他の中学校と**練習や活動**を合同で行うことがありますか。**あてはまる番号一**つに○をつけてください。
1. 他の中学校と合同で練習や活動を行うことはない
2. 他の中学校と複数校合同部活動のしくみで練習や活動を行っている
3. 部の組織としては別だが、練習や活動は他の中学校といつも合同で行っている
4. 他の中学校とときどき合同で練習や活動を行っている
5. その他（　　　　　　　　　　　　　　　　　）

Q38　あなたの担当している部活動は、中体連の大会などに他の学校と**合同チーム**で出場することがありますか。**あてはまる番号一**つに○をつけてください。
1. 勤務校の単独チームで出場している
2. 今年度は新チームになってから合同チームで出場している
3. 今年度は3年生がいたときから合同チームで出場している
4. 昨年度以前から合同チームで出場している
5. 大会やコンクールには出場していない
6. その他（　　　　　.　　　　　　　　　　）

Q39　あなたの担当している部活動は、次に挙げるような団体・組織と**練習や活動**を合同で行うことがありますか。A〜Dのそれぞれについて、**あてはまる番号一**つに○をつけてください。

A. 学校のある地域の総合型地域スポーツクラブ............	1. ある	2. ない
B. 学校のある地域の公共団体や民間経営のクラブチームや習い事の教室...	1. ある	2. ない
C. 学校のある地域の高校の部活動............	1. ある	2. ない
D. 学校のある地域の成人たちのスポーツチームや音楽、美術などの団体....	1. ある	2. ない

Q40　あなたの担当している部活動の活動種目についてうかがいます。小中学生がその活動に参加できる次のような機会が貴校の学区内にありますか。A〜Gのそれぞれについて、**あてはまる番号一**つに○をつけてください。

A. 小学校の教育課程内のクラブ活動............	1. ある	2. ない
B. 小学校の部活動............	1. ある	2. ない
C. スポーツ少年団............	1. ある	2. ない
D. 総合型地域スポーツクラブ............	1. ある	2. ない
E. 公共団体によるクラブチーム・サークル・習い事の教室...	1. ある	2. ない
F. 民間経営のクラブチーム・サークル・習い事の教室.....	1. ある	2. ない
G. その他............	1. ある（　　　　　）	2. ない

Q41　あなたの担当している部活動では、入部以前にその活動種目を経験していた生徒がどのくらいいますか。**あてはまる番号一**つに○をつけてください。
1. 全員が経験者
2. 経験者の方が多い
3. 経験者と未経験者がおよそ半々
4. 未経験者の方が多い
5. 全員が未経験者

230

Q42 あなたは、あなたの担当している部活動の部員に対して、技術指導以外にどのような指導に気を配っていますか。A〜Cのそれぞれについて、**あてはまる番号一つ**に〇をつけてください。

	あてはまる	まあ あてはまる	あまり あてはまらない	まったく あてはまらない
A. 部員の生活指導に力を入れている	1	2	3	4
B. 部員の進路指導に力を入れている	1	2	3	4
C. 部員の部活動と学習活動との両立を奨励している	1	2	3	4

Q43 あなたの担当している部活動の部員についておたずねします。A〜Cのそれぞれについて、**あてはまる番号一つ**に〇をつけてください。

	とても あてはまる	まあ あてはまる	あまり あてはまらない	まったく あてはまらない
A. 部員は部活動に積極的に参加している	1	2	3	4
B. 部員は部の規律をよく守っている	1	2	3	4
C. 部員はあなたとよく話をする	1	2	3	4

Q44 あなたは、あなたの担当している部活動の部員についてどのくらいご存知ですか。A〜Dのそれぞれについて、**あてはまる番号一つ**に〇をつけてください。

	とても あてはまる	まあ あてはまる	あまり あてはまらない	まったく あてはまらない
A. 部員の学業成績をほとんど知っている	1	2	3	4
B. 部員の進路希望をほとんど知っている	1	2	3	4
C. 部員の友人関係をほとんど知っている	1	2	3	4
D. 部員の休みの日の過ごし方をほとんど知っている	1	2	3	4

Q45 あなたは、部活動を通して生徒たちが何を得ていると感じていますか。A〜Gのそれぞれについて、**あてはまる番号一つ**に〇をつけてください。

	とても あてはまる	まあ あてはまる	あまり あてはまらない	まったく あてはまらない
A. 仲の良い友だちができること	1	2	3	4
B. 好きなことがうまくなること	1	2	3	4
C. 精神的につよくなること	1	2	3	4
D. 礼儀正しくなること	1	2	3	4
E. 進学や就職に役立つこと	1	2	3	4
F. 健康な身体をつくること	1	2	3	4
G. 時間の使い方がうまくなること	1	2	3	4

Q46 あなたは、部活動の指導をする際に、次に挙げるようなことについてどのくらい困っていますか。A〜Gのそれぞれについて、**あてはまる番号一つ**に〇をつけてください。

	とても 困っている	まあ 困っている	あまり 困っていない	まったく 困っていない
A. 競技志向の生徒と楽しみ志向の生徒が同じ部にいること	1	2	3	4
B. 試合やコンクールに出場させる生徒を選ぶこと	1	2	3	4
C. 外部指導員の指導に対して意見しづらいこと	1	2	3	4
D. 部活動の練習・活動時間が足りないこと	1	2	3	4
E. 近くに他の中学校がなく、練習試合ができないこと	1	2	3	4
F. 大会参加の時に会場までの移動に時間がかかること	1	2	3	4
G. 大会参加の時に会場までの移動や宿泊の経費がかかること	1	2	3	4

Q47 あなたは、部活動の顧問を担当するうえで、次に挙げるようなことについてどのくらい困っていますか。A～Hのそれぞれについて、**あてはまる番号一つ**に○をつけてください。

	とても困っている	まあ困っている	あまり困っていない	まったく困っていない
A. 施設や設備、備品や道具が整っていないこと ...	1 ━━	2 ━━	3 ━━	4
B. その部の活動に十分な生徒の人数が集まらないこと .	1 ━━	2 ━━	3 ━━	4
C. 部活動の運営費が足りないこと	1 ━━	2 ━━	3 ━━	4
D. 適切な外部指導員を得られないこと	1 ━━	2 ━━	3 ━━	4
E. 部活動の時間や量が負担になっていること ...	1 ━━	2 ━━	3 ━━	4
F. 顧問を担当するのは職務かどうかが曖昧なこと ...	1 ━━	2 ━━	3 ━━	4
G. 同僚や管理職の協力を得られないこと	1 ━━	2 ━━	3 ━━	4
H. 家族の理解を得られないこと	1 ━━	2 ━━	3 ━━	4

Q48 現在、少子化の進展や教員の多忙化などを背景に、部活動のさまざまな改革が取り組まれています。あなたは、次に挙げるような改革の取り組みに賛成ですか、反対ですか。A～Dのそれぞれについて、**あてはまる番号一つ**に○をつけてください。

A. 部活動は学校教育活動の一環に位置づけるが、技術指導は全て外部指導員に任せる..	1. 賛成	2. 反対
B. 部活動は学校教育活動の一環に位置づけるが、 練習や活動場所は、全て学校外の施設を使用する.	1. 賛成	2. 反対
C. 部活動は学校教育活動から切り離して、社会教育・社会体育に移行するが、 活動場所として学校の施設・設備を提供する.	1. 賛成	2. 反対
D. 部活動は学校教育活動から切り離して、 総合型地域スポーツクラブや民間団体などの社会教育・社会体育に全面移行する. ...	1. 賛成	2. 反対

Q49 あなたが現在<u>担当している部活動の活動種目</u>について、あなた自身はその活動をいつ頃始めましたか。**あてはまる番号一つ**に○をつけてください。

1. 小学校時代までのクラブ活動や習い事で始めた
2. 中学校・高校時代の部活動や習い事で始めた
3. 大学入学後、部やサークル活動などで始めた
4. 教員になってから習い事やサークルなどで始めた
5. 部活動や習い事などでやったことはないが、個人的に趣味などでやったことがあった
6. やったことはない

Q50 あなたはこれまでに、<u>現在担当している部活動の活動種目以外</u>で、スポーツ活動や音楽、美術などの芸術活動をやったことがありますか。a～hのそれぞれについて、**あてはまる番号一つ**に○をつけてください。

活動	時期	やったことがある	やったことがない
A. スポーツ活動	a. 小学生 ⇒	1.	2.
（ただし授業や教育課程内のクラブ活動を除く）	b. 中学生 ⇒	1.	2.
	c. 高校生 ⇒	1.	2.
	d. 大学生 ⇒	1.	2.
B. 音楽や美術などの芸術活動	e. 小学生 ⇒	1.	2.
（ただし授業や教育課程内のクラブ活動を除く）	f. 中学生 ⇒	1.	2.
	g. 高校生 ⇒	1.	2.
	h. 大学生 ⇒	1.	2.

Q51 運動部の顧問をしている先生にうかがいます。あなたは、教員になってから次のような内容の研修を受けたことがありますか。A～Dのそれぞれについて、**あてはまる番号一つ**に○をつけてください。

A. 顧問をしている競技種目の技術指導方法について....	1. ある	2. ない	3. 運動部ではない
B. 顧問をしている競技種目の試合でのコーチングについて..	1. ある	2. ない	3. 運動部ではない
C. 筋トレなどのトレーニングの理論や指導方法について..	1. ある	2. ない	3. 運動部ではない
D. 試合中や練習中に怪我をした場合の救急処置について...	1. ある	2. ない	3. 運動部ではない

ここからはすべての先生がたにおうかがいします。

あなたの学校での勤務全般についてお答えください。

Q52 部活動に参加している生徒たちは、次の中のどれを部活動の最大の楽しみにしているとあなたは思いますか。**あてはまる番号一つ**に○をつけてください。

1. 練習や活動そのもの
2. 部員同士でのおしゃべり
3. 試合やコンクール
4. その他（　　　　　　　　　　　　　　　　）

Q53 あなたが現在勤めている学校の近隣のかた（公務関係者は除く）のようすについて、次のことがどのくらいあてはまりますか。A～Dのそれぞれについて、**あてはまる番号一つ**に○をつけてください。

	とても あてはまる	まあ あてはまる	あまり あてはまらない	まったく あてはまらない
A. 学校行事に学校の近隣のかたが見学に来る.........	1 ―――― 2	―――― 3	―――― 4
B. 部活動の試合やコンクールに学校の近隣のかたが応援に来る.	1 ―――― 2	―――― 3	―――― 4
C. 部活動の練習や活動に学校の近隣のかたが参加に来る...	1 ―――― 2	―――― 3	―――― 4
D. あなたは学校の近隣に住んでいるかたと親しくしている...	1 ―――― 2	―――― 3	―――― 4

Q54 あなたは、次のような職務にどのくらい熱心に取り組んでいますか。A～Gのそれぞれについて、**あてはまる番号一つ**に○をつけてください。

	何にもまして熱心に 取り組んでいる	まあ熱心に 取り組んでいる	あまり熱心に 取り組めていない	まったく 取り組めていない	担当 していない
A. 授業............	1 ―――― 2	―――― 3	―――― 4	―――― 5
B. 教材研究などの授業の準備....	1 ―――― 2	―――― 3	―――― 4	―――― 5
C. 進路指導.........	1 ―――― 2	―――― 3	―――― 4	―――― 5
D. 生徒指導.........	1 ―――― 2	―――― 3	―――― 4	―――― 5
E. 部活動..........	1 ―――― 2	―――― 3	―――― 4	―――― 5
F. 行事・生徒会・委員会の指導...	1 ―――― 2	―――― 3	―――― 4	―――― 5
G. 校務や学校運営の事務......	1 ―――― 2	―――― 3	―――― 4	―――― 5

Q55 あなたは、現在勤務している学校の規模（教員数と生徒数）をふまえたとき、次のようなことをどのくらい感じていますか。A～Eのそれぞれについて、**あてはまる番号一つ**に○をつけてください。

	とても 感じる	まあ 感じる	あまり 感じない	まったく 感じない
A. 生徒理解が十分にできない.........	1 ―――― 2	―――― 3	―――― 4
B. 教材準備の時間が十分に取れない.....	1 ―――― 2	―――― 3	―――― 4
C. 採点、成績評価などにかかる時間が多い..	1 ―――― 2	―――― 3	―――― 4
D. 校務分掌の仕事の負担が大きい......	1 ―――― 2	―――― 3	―――― 4
E. 施設や設備が足りていない........	1 ―――― 2	―――― 3	―――― 4

Q56　あなたは、次に挙げるような教育活動や指導について、何人程度が理想的な生徒数だと感じていますか。A〜Dのそれぞれについて人数をお答えください。なお、他の条件を考慮する必要はありません。

A. あなたが担当している教科の授業の**1クラス**あたりの生徒数・・・・・・（　　　　　　　　）人程度	
B. 学級活動をするための**1クラス**あたりの生徒数・・・・・・・・・・（　　　　　　　　）人程度	
C. 生徒会活動をするための**1学年**あたりの生徒数・・・・・・・・・（　　　　　　　　）人程度	
D. あなたが顧問をしている部活動の**1学年**あたりの部員数・・・・・（　　　　　　　　）人程度	
（今年度部活動の顧問をしていないかたは、回答欄に「顧問なし」と記入してください）	

Q57　あなたは、生徒指導や部活動指導の面で、どのようなことを大切にしていますか。次のA〜Kの各ペアについて、あなたが**あえていえば重視していると思うほう**の番号1つに○をつけてください。

A.　1.　責任を学校生活に限定して、その範囲で努力するべきである
　　　2.　家庭や校外での生活についても、できるだけ指導するべきである

B.　1.　どの生徒にも、できるだけ学力をつけさせる
　　　2.　勉強が苦手な生徒には、別の能力を伸ばしてやる

C.　1.　生徒の持っている可能性が開花するのを、支援する
　　　2.　一人前の大人になるために必要なことを教え、身につけさせる

D.　1.　教師が一番に力を入れるべきなのは、学習指導である
　　　2.　教師が一番に力を入れるべきなのは、生徒指導である

E.　1.　生徒指導の一環として、部活動はある
　　　2.　活動種目の技術・技能の向上を目的として、部活動はある

F.　1.　部活動には、生徒全員が加入したほうがよい
　　　2.　部活動には、興味や関心のある生徒のみが加入すればよい

G.　1.　部活動は、学校外との連携を図ったほうがよい
　　　2.　部活動は、学校内でうけおったほうがよい

H.　1.　部活動の指導を熱心に担当すると、生徒と接する時間が増える
　　　2.　部活動の指導を熱心に担当すると、授業準備や事務処理などの時間が減る

I.　1.　教育内容を精選して教授すること
　　　2.　幅広い知識を教授すること

J.　1.　客観的な基準を使って、子どもを公平に評価すること
　　　2.　直観的であっても、子どもの個性を重視して評価すること

K.　1.　受験に役立つ知識・スキルを教えること
　　　2.　受験には直接役立たないが、上級学校や社会に出てから役立つ内容を教えること

Q58 あなたは、中学校教員の仕事全般を通して、次のようなことをどのくらい感じていますか。A〜Fのそれぞれについて、**あてはまる番号一つに**○をつけてください。

	とても感じる	わりと感じる	どちらともいえない	あまり感じない	まったく感じない
A. 教員の仕事はやりがいがある	1 ——	2 ——	3 ——	4 ——	5
B. 仕事に追われて生活のゆとりがない	1 ——	2 ——	3 ——	4 ——	5
C. 授業の準備をする時間が足りない	1 ——	2 ——	3 ——	4 ——	5
D. 教員が負うべき仕事が多すぎる	1 ——	2 ——	3 ——	4 ——	5
E. 生徒と接する時間が少なすぎる	1 ——	2 ——	3 ——	4 ——	5
F. 中学校に部活動がないと困る	1 ——	2 ——	3 ——	4 ——	5

Q59 最後に、①部活動の運営、②学校規模の問題、③地域社会との関わりなどについて、貴校で困っていることや、その改善のためのアイディアや取り組みはありますか。ある場合は、具体的に下の欄に書いてください。

これで終わりです。ご協力ありがとうございました。

14 | 調査の分析例（6）
〜ドキュメントから教育実践と学校建築の関係を読み解く

西島 央

《**目標＆ポイント**》 教育実践と学校建築の関係を読み解く研究事例を通して，教育に関わる法制度等の既存のドキュメントを対象に調査を行う方法とその留意点を理解する。

《**キーワード**》 ドキュメント（図表を含む文書，音声記録，映像記録，モノ的記録），モノ的要素，唱歌教育，唱歌室，楽器

---

1. ドキュメント調査の意義と留意点

　前章まで "人" を対象に質問紙調査，インタビュー調査，観察調査の方法や実際の調査の分析例を紹介してきたが，教育調査の対象となりうるのは，教員や児童・生徒といった "人" ばかりではない。学校教育を例に考えるならば，教育実践の実態や特徴とその課題を探るために，学校を取り巻くさまざまな環境（ex. 立地条件）や法制度（ex. 学校教育法），教育実践を支えるさまざまな施設・設備・備品（ex. 校舎や机・いす）や教材・教具（ex. 教科書やタブレット），そしてそれらに関わる文書資料（ex. 学校日誌）などもまた調査対象となりうる。

　たとえば，学力のあり方が社会問題になると，たいていの場合，教員の指導方法がどうとか，児童・生徒の学習の取り組みがどうとかといった "人"＝ソフトにばかり関心がもたれて，教員の指導力を向上させるための施策がとられたり，児童・生徒の学習量を増やす指導がなされたりすることが多い。しかし，石附（1992）によると「学校とその教育の

成立と展開には，モノ的要素すなわちハードウェアがもつ意義もきわめて大きいし，教育の実態は，案外に，そうした物的な条件によって規定されるところが多い」という。また，現在の学校教育は近代国家の成立とともに制度化されてきた公共機関の1つであり，日本なら，教育基本法，学校教育法，学習指導要領等の法制度によって規定されている。現在求められている学力を児童・生徒が身につけていくのに適した学習環境が整備されているのかどうか，そもそも私たちが教育を受ける／学ぶということは法制度上どのように定められ，時代とともに適切に変わってきているのかどうか，ということと合わせて考えていかなければ，教員と児童・生徒個々人に過剰な責任と負担を強いることになりかねない。

　つまり，教育実践の実態や特徴とその課題を明らかにしてその背景を探り，よりよい教育実践に向けて改善していくためには，"人"を対象にした調査だけでなく，法制度やモノ的要素といったドキュメント＝ハードについて調査することも大切なのである。

　では，学校教育に関わってどのようなドキュメントがあるだろうか。盛山（2004）の記録ドキュメントの分類を基に表14-1にまとめた。

　これらのドキュメントは，文書資料については図書館や文書館などに保存されていることが多い。音声記録，映像記録，モノ的記録について

表14-1　ドキュメントの分類

図表を含む文書資料	古文書・議事録	教育行政資料，職員会議の記録など
	日記・手紙・生活記録	学校日誌，郵便物など
	報告書・作品	教科書，副教材，教員の研修・研究会の記録，児童・生徒の成果物など
	新聞・雑誌・パンフレット	教育専門紙誌，教材・教具の案内など
音声記録	レコード・テープ・CD・ラジオ	音楽の鑑賞教材や外国語の音声教材など
映像記録	写真・映画・テレビ	美術・図画工作の鑑賞教材など　授業実践の写真や録画ビデオなど
モノ的記録	建築物等施設・設備　備品・消耗品	校舎，特別教室の設備など　机・いす，黒板，タブレット，文房具など

注：盛山（2004）表14.1を改編して，学校教育関係のドキュメント例を追加した

は資料館や博物館などに保存されていることがある。なかには，松本市の旧開智学校や京都市学校歴史博物館のように学校教育に特化した資料館や博物館もあるし，戦前に創立したような学校ではドキュメントを保管するために独自に資料室を備えているところもある。また，近年ではドキュメントが電子化されていて，オープンでまたは登録してインターネット上で閲覧したり入手したりできることもある。

　ドキュメントを対象にした調査の多くは，大きく括れば質的データを用いた事例調査に分類されるので，目的に合わせて対象を明確に定める必要がある。そのためには，教育実践の実態や特徴とその課題の何を探りたいのかを意識しながら「蒐集・分類・比較」の手順を踏むことが大切である。対象を定めるために基本となるのは次の3点である。

　第1に，時期を設定する。一時点に注目するのか，一定期間なのか，その期間の長さはどのくらいなのか。

　第2に，地域を設定する。1つの学校や学区や自治体なのか，複数なのか。自治体単位の場合，市区町村なのか都道府県または国なのか。

　第3に，ドキュメントの種類を定める。これは，研究関心との兼ね合いで最も注目したいドキュメントが先に決まっていることが多いだろう。しかし，はじめのうちは他に関連するどんなドキュメントがあるかわからないので，予備調査的に幅広く調べてみるとよい。その際，図書館の司書や資料館・博物館の学芸員に尋ねるなどして，調べたいドキュメントを絞りこんだり，逆に広げていったりする。

　なお，作成時期の新しいドキュメントはもちろん，古いドキュメントであっても，とくに教育行政資料や学校日誌，教員の研修・研究会の記録，児童・生徒の成果物等は個人情報が含まれていることが多いので，取り扱いには十分留意する必要がある。

2. 「楽器・唱歌室からみた唱歌教育の普及過程」調査 の概要と進め方

　ここからは，ドキュメント調査の一例として，筆者が取り組んだ「楽器・唱歌室からみた唱歌教育の普及過程」という研究を紹介しながら，教育実践と学校建築の関係を読み解いていくことにしたい。

　この研究は，別のテーマの研究で長野県飯田市立座光寺小学校の戦前の学校日誌を調査していたときに，後述の記録を見つけたことで問題関心をもったことに起因する。それは，従来の"人"に焦点をあてた「唱歌」（現在の音楽科の前身）の普及過程の描き方では説明がつかない事例だったのである。そこで，「唱歌室（現在の音楽室）の設置や楽器の保有というモノ的要素が『唱歌』成立の条件の1つだったのではないか」という仮説を立てて，ハードのドキュメントに焦点をあてた調査に取り組んだ。

　具体的には，①学校建築に関する法制度の調査，②個々の学校における唱歌室・楽器の設置・保有状況の調査，③個々の学校における「唱歌」加設状況の調査を行い，①の法制度を前提に②と③の関係から唱歌教育の普及過程について考察した。

　対象は次のように定めた。第1に，先行研究から，唱歌教育は明治中後期に普及していくことがわかっているので，時期は明治中期に限定した。第2に，きっかけが長野県内の小学校の学校日誌であることと，それまでに取り組んできた教育史の調査から，長野県には戦前の学校教育関係の文書資料が多く保存されていることがわかっているので，地域は長野県に限定した。第3に，ドキュメントの種類は，学校建築と教則に関する国と長野県の法制度，長野県の教育行政文書，長野県内の小学校の学校日誌等の学校保存文書や刊行された学校史等である。明治中期の

長野県の教育行政文書は長野県立歴史館に保存されている。

　なかでも，第二次小学校令（1890（明治22）年）を受けて，町村が管轄する小学校について提出した設置報告には，「唱歌」の加設の有無に関わる文書や校舎の平面図が含まれており，②と③の調査を同時に行うことができるドキュメントであった。そこで，その文書を軸にドキュメントを収集し，仮説の検証をするべく，分析・考察を行った。次節では，研究の概要を紹介しよう。

3. 「楽器・唱歌室からみた唱歌教育の普及過程」抄録[1]

（1）問題関心の背景〜明治22年，座光寺小学校にて

　1889（明治22）年2月11日，紀元節。明治憲法が発布されたこの日，長野県下伊那郡第二小区座光寺学校，現在の飯田市立座光寺小学校では，紀元節と憲法発布を祝して，飯沼村村社で祝賀会を行った。学校日誌によれば，祝賀会では，生徒たちに〈紀元節〉の歌を歌わせ，その後，校長が琴を弾いて「唱歌」の授業を行ったという。同校では，同年7月13日の職員会で「唱歌」を一週に一回教授するかどうかを議論し，食後と一時の間に遊戯として教授することを決めた。しかし，わずか2ヶ月足らず後の9月5日には，「唱歌」の授業を取りやめてしまった。

　座光寺小学校で正式に「唱歌」が加設され，授業が実施されるようになるには，このあと1896（明治29）年まで待たねばならなかった。

（2）座光寺小学校の事例から浮かび上がる「唱歌」成立をめぐる仮説

　座光寺小学校の事例からは，①なぜこの時期に「唱歌」の授業を実施しようとしたのか，②なぜわずか2ヶ月で取りやめたのか，③正式に授業を実施できるようになるまでなぜ7年もかかったのかという疑問が浮

---

[1]　本節は，西島（2006）を，唱歌室や楽器の整備状況と「唱歌」の授業の実施状況の関係に限定してまとめた抄録である。

かんでくる。

「唱歌」は，1872（明治5）年の学制で制度上は定められたものの，「当分之ヲ欠ク」との但し書きが附されていて，近代学校教育制度の成立とともに授業が始まったわけではない。加設科目として少しずつ行われるようになっていき，必修科目になったのは1907（明治40）年の小学校令改正のときである。

　従来の音楽教育の歴史研究では，各儀式用の式歌を歌うことを定めた小学校祝日大祭日儀式規程の制定のような制度整備の進展や，唱歌教育に対する理解者の尽力によって少しずつ授業実施率が高まっていったという描き方が一般的だ。しかし，もしそうなら，琴を弾ける校長がいて，紀元節に生徒たちに式歌を歌わせ，いったん授業を始めた座光寺小学校がわずか2ヶ月で取りやめ，正式に実施するようになるまで7年もかかったことを説明できない。授業を実施したくてもできない理由，逆に言えば実施を促す他の条件があったと考えるのが素直だろう。「唱歌」の場合，歌うために伴奏が必要であり，大きな音が出るという特徴から，唱歌室の設置や楽器の保有というモノ的要素こそが科目成立の条件の1つだったのではないだろうか。そこで，この仮説を検証するべく，明治中期の長野県の唱歌室の設置や楽器の保有状況と「唱歌」の授業の実施状況の関係について分析・考察してみよう。

（3）長野県の「唱歌」に関する規程と唱歌室の設置状況

　長野県では，第二次小学校令（1890（明治23）年）を受けて，それまでの小学校を設置し直させるという手続きをとり，1892（明治25）年3月に小学校教則・毎週教授時間制定に関する県令を出した。これにより，「唱歌」は尋常小学校では加設科目，高等小学校では必修科目となった。

　その際，国の動きに先んじて唱歌室について言及している。つまり，文部省が1891（明治24）年に出した小学校設備準則では，「裁縫」や「手工」または「工科」を設置する学校では専用の教室を備えるように定めているが，「唱歌」には言及していない。それに対して，長野県が1892（明治25）年2月に出した小学校設備心得では，「唱歌」を設置する場合には他の教室から離して専用の教室を設けるようにと定めたのである。

　だが，当時の小学校で唱歌室を設置することなどできたのだろうか。1892（明治25）年4月に各町村が提出した各小学校の設置報告には校舎の図面が載っている。

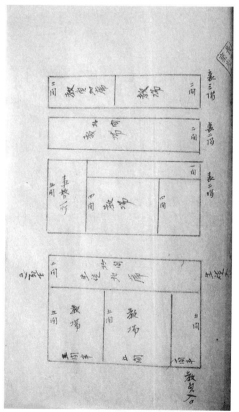

　その図面から唱歌室の設置状況を確認してみると，座光寺小学校には教室が5つしかなかった。（**図面14-1**）他は教師と生徒それぞれの控え室と事務室で，裁縫室すらなく，唱歌室を設置する余裕などない小さな校舎だったことがわかった。それどころか，座光寺小学校の立地する下伊那郡全体でも唱歌室を設置している小学校は1校もなかった。当該書類をもとに明治中期の「唱歌」加設状況を整理した『長野県教育史　第五巻　教育課程編二』（1981）を合わせてみてみると，下伊那郡では「唱歌」を加設している尋常小

図面14-1　座光寺小学校校舎平面図

学校も1校もなかった。それに対して，上田町（現上田市）を含む小県郡では，同書によると「唱歌」を加設している尋常小学校が6校ある。そこで図面を確認すると，唱歌室を設置している小学校は6校あった。

　どうやら唱歌室の有無と「唱歌」の加設の可否とには関係がありそうだ。当該書類には，科目の加設や非開設に関わる文書が含まれているので，それも合わせて「唱歌」を欠いた小学校と加設した小学校の背景を探ってみよう。

（4）個々の学校の校舎の図面等から読み取れる「唱歌」加設の背景

①下伊那郡伊賀良尋常高等小学校（現飯田市立伊賀良小学校）

　伊賀良小学校では，高等小学校で「唱歌」を欠く許可願いを提出して認められた。その書類の許可理由の欄には不都合がないとしか書かれていないが，図面をみると，高等小学校で「唱歌」を欠かざるを得なかった理由がわかる。（図面14-2）つまり，同校には，尋常小学校用の教室が5つと裁縫室，教員室等と，高等小学校用の教室が2つしかない。座光寺小学校と同様に唱歌室を設置する余裕がない校舎で，「唱歌」の授業を実施できない実状がうかがえる。

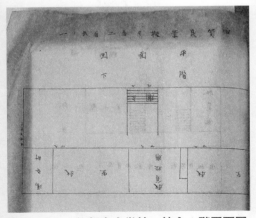 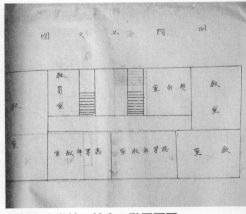

図面14-2　伊賀良小学校　校舎1階平面図　　伊賀良小学校　校舎2階平面図

②小県郡中塩田尋常高等小学校（現上田市立中塩田小学校）

　中塩田小学校は，尋常小学校の「唱歌」加設願いを提出している。「唱歌」の授業時間の捻出方法，授業時間数と授業内容をまとめた課程表が添えられていて，「習字」を減らして「唱歌」を毎週1時間行っていたこと，授業内容は〈大祭祝日歌〉であったことが読みとれる。

　図面をみると，尋常小学校の教室の間に高等小学校用の唱歌室がある。教室は尋常小学校用が6つと高等小学校用が4つ，教員室は尋常用と高等用が各1つ，他にも裁縫室兼機械室等があり，かなりゆとりのある校舎の造りをしている。（**図面14-3**）尋常小学校でも「唱歌」の授業を実施できる環境が整っていたのだろう。

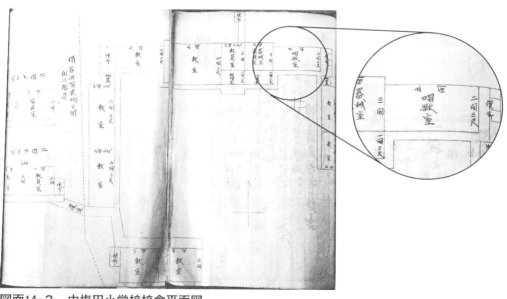

図面14-3　中塩田小学校校舎平面図

③小県郡東内尋常小学校（現上田市立丸子中央小学校）

　東内小学校は，図面をみると，教室が３つと教員室に生徒控え室だけ
のとても小さな校舎で，唱歌室がないにもかかわらず，尋常小学校の
「唱歌」加設願いを提出して許可された。（**図面14-4**）

　唱歌室がないのに，なぜ「唱歌」加設に踏み切ったのだろうか。「唱
歌」の授業には，唱歌室の他にも，歌唱の伴奏をするために楽器という
モノ的要素が必要である。東内小学校の「唱歌」加設願いは1892（明治
25）年10月17日に出されているが，同校を引き継いだ丸子中央小学校の
百年史によると，同月に篤志家64名から寄付金32円の援助を得てオルガ
ンを購入している。唱歌教育に理解のある者がいてオルガンを購入する
ことになったのか，偶然オルガンが寄付されたので「唱歌」を加設する
ことになったのか，因果関係はわからないものの，オルガンを使用して
「唱歌」の授業を行うことができる環境が整ったと推測できる。

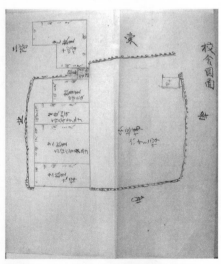

図面14-4　東内小学校校舎平面図

（5）知見の整理と考察

　以上の調査から得られた知見は次の4点にまとめられる。第1に，尋常小学校での「唱歌」の加設は，制度面では小学校祝日大祭日儀式規程や，「唱歌」必修の高等科併設の有無に影響される。第2に，「唱歌」の加設は，唱歌室が設置されているかどうかに影響される。第3に，唱歌室の設置は，校舎に教室数が多いかどうか，坪数が広く余裕のある使い方をしているかどうかに影響される。第4に，「唱歌」の加設は，楽器を保有しているかどうかに影響される。それは唱歌室の有無よりも影響力が強い可能性がある。

　「唱歌」は学制（1872（明治5）年）で教科として定められた後，小学校令の改正，小学校祝日大祭日儀式規程の制定等の国レベルでの法制度の整備も進められていくが，以上の分析からは，個々の学校現場レベルで「唱歌」の授業を実施できるかどうかには，唱歌室の設置の有無や楽器の保有の有無が影響していた，つまり，教育実践が学校建築というモノ的要素に規定されていたと言えるのではないだろうか。

4. これからの教育調査への示唆

　以上の考察をふまえて，現在の学校の教育実践の取り組みと学校建築等のモノ的要素との関係について少し考えてみよう。

　たとえば，2017（平成29）年告示の小学校学習指導要領により，2020年度から3，4年生では外国語活動が，5，6年生では外国語（英語）が教科として行われることになった。中学校と高校も含めて英語の学習では，従来の「読む」・「書く」に加えて「話す」・「聞く」を合わせた4技能の学力が求められている。また，全ての教科を通して「主体的・対話的で深い学び」の視点からの授業改善が求められている。このように

学習指導要領が改訂されたり授業改善が求められたりするときは，教員の指導方法の改善と指導力の向上，つまりソフトばかりに関心が向きがちだ。しかし，従来多くみられた教員が説明して児童・生徒がそれを聞く授業スタイルに適した教室環境と，児童・生徒が英語で会話したり調べたことを発表し合ったりと主体的に活動する授業スタイルに適した教室環境は異なるはずだ。小学校で「話す」・「聞く」を軸に英語を学ぶためには，どのような設備・備品が必要か。「主体的・対話的で深い学び」の視点からの授業改善に取り組み，実際に授業をするにはどのような教室の広さや形状がよいのか，机の大きさや形状はどうなのか。よりよい教育実践を実現するためには，モノ的要素の状況についても調査し，改善していくことも必要だろう。

ただ，教員や教育諸学者だけでは，学校建築等のモノ的要素の調査を適切に行うのはやや難しいかもしれない。実は教育諸学の間ではあまり知られていないが，建築学の領域では学校建築を対象にした研究が非常に多く行われている。そこで，学校建築を専門とする建築学者と情報を共有したり共同で調査研究に取り組んだりして，期待される教育実践に相応しい，児童・生徒にとってより望ましい学習環境の整った学校づくりをめざしていくことが望まれる。

引用・参考文献

石附実編著，1992，『近代日本の学校文化誌』思文閣出版。
上野淳，2008，『学校建築ルネサンス』鹿島出版会。
盛山和夫，2004，『社会調査法入門』有斐閣ブックス。
長野県教育史刊行会，1981，『長野県教育史　第五巻，教育課程編二』長野県教育
　史刊行会。
西島央，2006，『楽器・唱歌室からみた唱歌教育の普及過程―明治20年代の長野県
　を事例に―』科学研究費報告書。
丸子中央小学校百年史編集委員会，1973，『丸子中央小学校百年史』丸子中央小学
　校百年史刊行会。

学習課題

　あなたが通っていた，または勤務してきた学校の校舎の図面を描き，各教科・活動のさまざまな学習や指導を行っていた場所を図面に書き込んでみよう。その場所がそれぞれの学習や指導を行うのに適していたかどうか，それはなぜか，改善の必要があるとしたら，どのような施設・設備・備品＝モノ的要素を用意するとよいか，検討してみよう。

15 教育調査の可能性と課題

藤田　武志

《目標＆ポイント》　これまで教育調査の考え方や手法，そして，実際の調査
例を学習してきた。最後となる本章では，教育調査と学校現場との関係を概
観した後，学校現場に密着するだけではなく，その改善に資するような教育
調査のあり方と実例について学ぶ。そして最後に，教育調査全般において求
められる倫理について学習する。
《キーワード》　教育調査と学校現場，アクションリサーチ，調査倫理，研究
倫理

1.　現場に根ざした教育調査

（1）教育調査と学校現場の関係

　日本教育社会学会では，学会誌である『教育社会学研究』に，2004年
に「教育臨床の社会学」という特集が組まれ，2015年には「教育社会学
は教育実践にいかに貢献しうるか」というレビュー論文が掲載されるな
ど，学問研究と教育現場との関係に着目してきた。学校に代表される教
育現場（以下，学校現場）を単なる研究対象としてのみ考える搾取型の
研究ではなく，研究によって得られた知見を学校現場に還元する貢献型
の研究を行うことが目指されてきたのである。では，学問的な知は，学
校現場にとってどのような意味を持つのだろうか。
　宮崎（1998）は，学問による科学的な知は，「実践に対する具体的な
処方箋や『解』を与える『原理』」のようなものではなく，「実践者に対

してその実践と実践知に対する新しい見方，視点を与える」知識だと主張している。学校現場では，常に現実への対応や判断を迫られているが，その対応や判断のみならず，現実そのものについても反省的にとらえ直していくところに，学問的な知の役割があるのであり，教育調査もその手段の１つなのである。

　しかし，教育調査は研究者が独占的に行うことではない。教育の実践に関わる人々によっても行われるし，行われるべきでもある。特に，日本の教師たちは，「実践記録」という形で教育の事実を書き記してきた。その伝統を，教育調査を取り入れながら，さらに強固にして引き継いでいくことも有益だろう。というのは，藤田（2016）が主張するように，実践記録には次の３つの役割があるからである。

　第１に，実践記録は，執筆する教師が自らの実践を振り返り，意味づけることを通して，実践を通した学びを促す役割を果たしてきた。そして第２に，実践記録は実践者の間で読み合われるものであり，読むことを通して他者の教育実践を追体験し，自らの経験と照らし合わせながら，省察を深めていく。つまり，実践記録は集団的な営為なのであり，集団の学びと連帯を支える媒体の役割を果たしているのである。第３に，実践記録が出版され，広く読まれることで，子どもや教師，学校の現実が社会の人々に共有されていき，教育の諸条件や社会のありようを変革する原動力としての役割も果たしてきた。このように，実践記録は，個人，集団，社会という３つの水準の役割を持つのである。その役割が必要なくなったとも，他の何かがその役割を代替しているとも思われない。そのため，今後も実践を書き記していく必要があるだろう。そこに教育調査が生かされるならば，学問的な意義も高まるだろう。

　しかし，教師自身が，あるいは，教師と研究者が協力しながら学校現場に資する教育調査を行っていくことは，実践を無条件で肯定したり，

礼賛したりすることではない。というのは，学問的な研究と学校現場との関係について繰り返し指摘されてきたのは，学問による現場への貢献だけではなく，現場への批判性の保持でもあるからである。もちろんここでいう批判とは，学校現場における実践を非難したり，貶めたりすることではなく，次の2つのことに留意することである（藤田　2009）。

　1つめは，「現実主義・現場主義」の陥穽の回避である。「現実主義・現場主義」の問題性について越智は次のように指摘している（越智2000）。すなわち，「現実主義・現場主義」には，美しい言葉のうえだけで説かれる理想主義的な空論の欺瞞性を暴き出すという有益な面がある一方で，学校というシステムの秩序の安定と，「問題」が表面化せずに滞りなく日常が進行することを優先し，子どもの主体性や自律性などを破壊する「隠れたカリキュラム」としての効果をも持つという問題性である。批判性の保持の意味は，「現実には」や「現場では」といった言葉によって思考停止に陥らない道筋を見いだすところに存在している。

　もう1つ留意すべきことは，学校現場の課題への対応による視野狭窄の回避である。たとえば，不登校やいじめ，学力低下など，学校現場の課題とされていることへの対応は大切であるが，そこだけを見ていると，それらの問題自体を問い直す可能性や，課題とされていないことへの気づきが閉ざされてしまいがちである。実際，上に挙げた諸課題の背後に共通している貧困の問題は，多くの場合，学校現場では必ずしも主題化されていない。つまり，学校現場に根ざした教育調査とは，学校現場という枠に閉ざされることとは異なるのであり，その枠を相対化し，とらえ直していくことなのである。

（2）学校現場を社会に開くことの意味

　学校現場に根ざした教育調査を行うことは，学校現場の内実が社会に

開かれることでもある。学校現場が社会に開かれることは，次の３つの
点から学校を変革する可能性を持っている（藤田　2019）。

　第１に，多様な価値観や意見に開かれることである。たとえば，第１
章でも指摘したように，学力向上の取り組みでは，家庭の協力が当たり
前のように求められるが，社会福祉の専門家である金澤（2013）は，社
会的な不利と貧困が重なる保護者たちには，宿題のマルつけや間違い直
しのチェックが大きな負担だという。しかし，そのような声は，非協力
的な保護者への冷たいまなざしのなかで抑圧されてしまう。あるいは，
自分らしくありたいというトランスジェンダーの子どもの願いも，最近
までは聞き届けられないままだったし，異性と結婚して子どもをもつの
が当然という前提で話される教師のなにげない言葉の前では，自分の思
いを表明することすら難しい。

　これらから分かるのは，社会に開かれるとは，これまで聞かずに済ま
していた多様な意見や，言うことができなかった思いを掘り起こし，尊
重していくことでもあるということである。それは，丁寧な教育調査に
よって可能になるだろう。

　第２に，社会に開かれるとは，社会の現実の多面性に開かれることで
ある。たとえば，出産や育児の話を生徒たちにするよう学校から頼まれ
た助産師さんは，同時に，産んでくれた親に感謝するように生徒に伝え
てもらいたいとも依頼されたという。しかし，現実はそのようなポジ
ティブな面ばかりではない。不適切な育児をする親や，そのもとで苦しん
でいる子どもを多く見てきた助産師さんは，親への感謝を強制すること
で辛い思いをする生徒に思いをはせ，教師への返答に窮したという。教
育調査によって，多面的な現実のなかで生きる子どもの姿を明らかにす
ることは，それに対応した教育実践を構築することにつながるだろう。

　第３に，社会に開かれるとは，学校の論理に閉ざされないことであ

る。たとえば，生徒の一様性を前提とした一斉授業，あるいは，上履き，体操服，制服などから各種教材にいたるまで同一のものを着せたり持たせたりすることなどに見られるように，日本の学校は同調圧力が強く，多様性に対して非常に脆弱であることは，ニューカマー研究などによって繰り返し指摘されてきた。ダイバーシティの尊重が叫ばれ，多文化化が進展するなか，これまで学校独自の論理のもとで当たり前のように行われてきたことについて，教育調査によってその目的や意味を問い直し，必要に応じて変えていくことが求められるだろう。

2. 参加型アクションリサーチ

（1） 参加型アクションリサーチとは

　現場に根ざした教育調査であり，現場の変革まで視野に入れたものがアクションリサーチである。ケミスとマクタガート（2006）によれば，参加型アクションリサーチは，「変化を計画しつつ，行為し，その変化の過程と結果を観察しながら，これらの過程と変化について内省し，その上で，計画を立て直しつつ，行為し観察しながら，内省し……」というらせん的サイクルをとる調査研究である。

　参加型アクションリサーチは，現場の外部から来た研究者が独占していた役割を，現場の当事者も担うようになったものである。その意味において，現場の関心や必要性からしばしばかけ離れた，外部の関心や枠組みの押しつけに抵抗する意図も含まれている。それゆえ，参加型アクションリサーチとは，「現場で働いている隠れた要因を『暴く』ないしは『さらす』ことを目標として現場に臨む」という部外者の態度と，「現場の諸要素のあいだの相互関係や緊張関係を，当事者たち自身が真正であると見なす表現で主題化して明確化すること」との間の，「細い

線の上を歩くこと」なのだという（ケミス＆マクタガート　2006）。つまり，参加型アクションリサーチは，前節で指摘した批判性の保持を堅持しつつも，一方的な研究の論理や言葉で進めていくものなのではなく，当事者に開かれた学問研究として実施していくものなのである。

　では，アクションリサーチの実際はどのようなものなのだろうか。以下，２つの研究例を紹介しよう。

（２）不登校生徒の支援

　猪又他（2012）は，社会福祉法人が運営する，不登校の生徒が通う全寮制のフリースクールＸ学園において，学園スタッフの一員として小学４年生の児童から中学３年生までの生徒と行動を共にしながら参与観察し，子どもたちの自己肯定感を育成するアクションリサーチを実施した。

　Ｘ学園では，田植え，鶏や山羊の飼育，カヌー下り，職場体験（椎茸ハウスや保育園，スキー場他），老人福祉施設でのボランティア活動，フリーマーケットへの参加など，年間通じてさまざまな体験活動を実施している。学園のスタッフは，子どもたちの変化を感じつつも，自己肯定感がまだ低いこと，仲間関係を養いたいこと，相手がどう感じているかを考えさせたいことなどを課題として語っていた。そこで，他者との関わりに重点をおいた体験活動を通して，自己肯定感を高める手立てを探っていくことにした。

　Ｘ学園に参与を始めて１週間後，学園の生徒の１人がスタッフに「また保育園訪問がしたい」と強く訴える声が聞こえた。体験活動として学園の生徒全員が近隣の保育園を訪問したが，１日のみ保育園の遠足に同行しただけだったという。そこで，保育園を再訪するだけではなく，学園の生徒が園児と一緒に遊んだり，保育者が園児にどのように接したりしているのかを観察したり，学園の生徒全員で経験したことを共有した

りできる保育園訪問活動を立案し，X学園に提案して了承を受けたうえ
で，スタッフと共に取り組むことにした。この活動では，生徒たちの自
己肯定感の向上と人間関係の構築という実践としての関心と，そこに至
るメカニズムの探究という研究としての関心の2つを追究した。

　スタッフの語る課題に迫るため，他者との多元的な関わりが生み出さ
れるよう活動を工夫した。保育園には合計で4回（4回目は希望者の
み）訪問し，保育園児と遊ぶだけでなく，自分たちで制作したおもちゃ
を園児に贈ることで，他者と複合的な関係を結ぶようにした。また，お
もちゃは，生徒たちの共同制作とすることで，生徒同士の関係が生起す
るようにした。さらに，保育士からは，保育園での生徒たちの様子を文
章で簡単にフィードバックしてもらった。

　最終的に8名の生徒が分析対象となり，参与観察のフィールドノー
ツ，生徒が活動のたびに書いたふり返りシート，保育園訪問活動の前後
に3ヶ月ほどのインターバルで測定した生徒たちの自尊感情得点（偏差
値）などをデータとして分析した。

　自尊感情得点の1回目と2回目を比べると，ほぼ同じだった生徒が2
名，大幅に上昇した生徒が4名，小幅な上昇の生徒が2名であった。1
回目に特に数値が低かった3名の生徒は，いずれも大幅に上昇していた。

　保育園訪問では，生徒の多くは園児たちとのふれあいを楽しんでい
た。1回目の訪問後には「小さい子どもが嫌いだ，もう行きたくない」
と振り返りシートに書いた生徒も，2回目の訪問で園児が絵本を持って
くると，肩を並べて一緒に読み始めたり，じゃんけんを挑んできた2人
の園児におどけた顔で両手でじゃんけんをしたりしており，振り返りシ
ートにも「明るいね。以上，ありがとう！」と，普段はあまり見られな
い素直な感情の表出がなされていた。

　一方，おもちゃ作りは，何を作るかを話し合うところから始め，保育

園の園児の様子を思い出したり，おもちゃ制作の本を見たりしてアイディアを出しあい，作業を分担しながら協力して制作した。振り返りシートには，制作作業や協力することの楽しさや，園児に渡すときの期待感などが多く表されていた。

　生徒たちの自尊感情得点の上昇は，X学園の教育活動全体の効果であって，保育園訪問活動はそのほんの一部にすぎない。しかし，生徒たちの様子からは，保育園訪問活動が次の３つの機能を果たした可能性が見いだされた。すなわち，第１に，園児たちが生徒たちの存在を無条件で受け入れ，積極的に関わろうとしたことによる「存在を受容する機能」である。第２に，おもちゃを作り上げる過程に参画し，自分たちの意見や創意工夫が生かされたことによる「主体として尊重する機能」である。第３に，園児を思いながら，また，学園の仲間で協力しながらおもちゃを作った「つながりを生成する機能」である。

　そして，これらの知見から，猪又らは，学校現場等で体験活動を立案するときの手がかりについて考察している。

　このように，アクションリサーチは，現実に働きかけつつ，そこで生じていることを分析し，また現実に働きかけるという循環を通して，新たな発見へと至る方法なのである。

（３）商業高校の生徒の進学支援

　高校の階層構造のなかで低位に位置づく高校では，学校側にも「うちの生徒に大学進学は無理」という雰囲気が蔓延しており，生徒の多くもまた，将来に対して意欲を持って取り組むことをあきらめてしまっている。酒井他（2007）は，そのような状況を改善し，進学を希望する生徒を支援するアクションリサーチを対象校の教員とともに実施した。

　高校生に対して進路相談，小論文や面接の指導，基礎的な学習の指導

などの支援を行うなかで，フィールドノーツを取る，インタビューをするといった調査を行い，それらのデータをもとに分析を進めている。

　対象校の生徒に対するインタビューの語りからは，将来の目標から現在の行動が動機づけられる「将来起点タイプ」，過去の積み重ねとしての現在を起点として将来を語る「過去起点タイプ」，直面している進路決定という課題をとりあえず乗り越えようとする「現在起点タイプ」という，3つのタイプの「進路の物語」が抽出された。対象校の生徒の進路の物語の多くは現在起点タイプや過去起点タイプであり，必ずしも将来を見通すような「望ましい」進路選択行動を伴っていない。

　支援を進めるなかで，進路の物語には，「親に迷惑をかけたくない」，「成績が悪い」など，大学に行かないことを身内や個人の問題として語らせる権力作用が働いており，生徒が大学進学に関して有している情報は極めて限定的であることが分かってきた。そのため，進路についてあきらめていたり，考えないでいたりする生徒の状況を揺さぶり，生徒自身の進路の物語を溶解させ，迷いや葛藤と直面させることが変容を促すうえで重要であることが明らかになった。

　また，支援を受けている対象校の男子には，進路意識にゆらぎや転機が見られないのに対し，女子には大学進学に向けて強く動機づけられていく転機が見られ，そこには，「進路多様校」の「女子」という，進学希望について二重に説明責任を負う「アイデンティティ問題」の存在がうかがわれ，進路意識に対するジェンダーの影響が看取された。

　さらに，中国系生徒の場合，高校入学直前まで本国にいた「直前来日型」の生徒に対しては，本来有していた進学アスピレーションが低下しているため，それを上方修正し，努力への意欲や態度を回復させる支援が必要であるのに対し，就学前や小学校低学年時などに来日した「早期来日型」の生徒には，学力不足という現実と大学進学という将来展望を

接続するための支援が求められるという違いが存在した。

　アクションリサーチとしての高校生への支援によって，生徒たちはそれぞれの進路を見つけて卒業していくことができた。その進路実績から，進学に対して後ろ向きの学校文化も変容していった。研究としても，たとえば，進路多様校の高校生の進路に関する上記のような特徴（＝複雑さのなかの構造）を見いだすといった成果を上げることができた。

　酒井（2014）は，アクションリサーチは，人々が日常生活を送るうえで有用な，実践的知識を生み出すとともに，省察を通じて新しい理解のあり方，よりよい共生のあり方を生み出そうとするものだという。アクションリサーチ以外の教育調査にもこの考え方を生かしながら，持続可能な社会の実現に向けて教育調査をどう活用していくかを考えていくことが肝要である。

3.　調査倫理・研究倫理

　最後に，教育調査を進めるうえで忘れてはならない倫理について押さえておきたい。

　盛山（2004）は，調査に特有の倫理として，次の3項目を挙げている。第1に，「インフォームドコンセント」である。調査の目的，データの利用方法，結果の公表の仕方などについて調査対象者に知らせ，了解をとったうえでなされなければならない。第2に，「ハラスメントの回避」である。態度や言葉づかいはもちろん，調査内容についても調査対象者が不快に感じることをしてはならない。とはいえ，社会調査では，学歴や所得など，調査対象者が不快に思うような質問をするケースもある。そのような場合には，そういった質問の必要性や重要性を十分

に考え，嫌な質問には答えなくてもいいという配慮をしたうえで調査を行う必要がある。第3に，「コンフィデンシャリティ」である。調査対象者のプライバシーと個人情報の保護が高度に求められる。成果の発表の際はもちろんのこと，データの記録方法や保管方法，データの保持期間や破棄の方法など，匿名性の保護には万全を期さなくてはならない。

　これらに加え，丸山（2016）は，インタビューなどを匿名にしたとしても関係者には誰のことか分かってしまうものであり，場合によっては，当事者同士の関係が悪化してしまうこともあると言う。そういったことまで配慮して，相手に迷惑のかかることはいさぎよく削除しなければならないし，論文を提出したり発表したりする前に，該当する箇所を調査対象者にチェックしてもらうことも必要である。この点に関連して，善意で調査に協力している対象者に，するどい筆致で問題点を直言するのではなく，筆を鈍らせる必要もあると志水（1998）は述べている。

　次に，表15-1は，日本教育社会学会の研究倫理宣言である。教育調査も，調査倫理にとどまらず，ここで謳われていることを遵守しなければならない。重要な点について，以下，いくつか補足説明をしよう。

　下記宣言の第1段にあるように，教育調査によって人間の尊厳を傷つけたり，人権を侵したりすることのないようにしなければならない。そのためにも，調査活動だけでなく，調査をもとにした論文などが社会にどのような影響を与えるかを考えながら実施する必要がある。教育調査は，あくまでも幸福と福祉の増進を目指して行われるべきなのである。

　また，第3段には，学問的誠実性（アカデミック・インテグリティー）が指摘されている。それには，たとえば，データのねつ造や改ざん，恣意的な編集，剽窃や盗用など，研究の不正が関わっている。

　なお，学校教員の場合，教育実践と研究活動との切り分けは難しい部

表15-1　日本教育社会学会研究倫理宣言

日本教育社会学会研究倫理宣言

　日本教育社会学会および会員は，人間の尊厳を重視し，基本的人権を尊重すべき責任を有している。その活動は，人間の幸福と社会の福祉に貢献することを目的とする。

　会員は，学問水準の維持向上に努めるのみならず，教育という人間にとって枢要な営みを対象としていることを深く自覚し，自らの行為に倫理的責任をもたなければならない。

　会員は，学問的誠実性の原理にもとづき，正直であること，公正であることに努め，他者の権利とその成果を尊重しなければならない。

　会員は，専門家としての行為が，個人と社会に対して影響があることを認識し，責任ある行動をとらなければならない。

　学会および会員は，この宣言を尊重して行動し，宣言の精神を広く浸透させるよう努めなければならない。

　2001年10月8日

日本教育社会学会

分もあろうが，日常の教育活動で得られた情報を研究に用いることがあるとしたら，やはり調査倫理・研究倫理に則らなければならない。

　いずれにしろ教育調査は，倫理宣言の第2段に記されているように，教育という枢要な営みを対象としている。それを深く自覚し，倫理的責任をもちながら，教育のよりよい発展を目指して調査に励んでいきたい。

参考文献

藤田武志, 2009, 「教職大学院の課題とは何か」全国教職大学院年鑑編集委員会編『全国教職大学院年鑑 '08-'09』, 教職開発情報センター, pp.46-58。

藤田武志, 2016, 「実践研究論文についてどう考えるか」日本学校教育学会編『これからの学校教育を担う教師を目指す』学事出版, pp.91-98。

藤田武志, 2019, 「学校が社会に開かれるとはどのようなことか」全日本中学校長会編『中学校』No.787, pp.8-11。

猪又智子・藤田武志, 2012, 「不登校生徒の自己肯定感を高める体験活動 ―フリースクールX学園でのアクションリサーチを通して―」『生徒指導学研究』第11号, pp.81-90。

金澤ますみ, 2013, 「子どもの貧困と学校・ソーシャルワーク」貧困研究会編『貧困研究』vol.11, pp.40-49。

スティーブン・ケミス＆ロビン・マクタガート, 2006, 「参加型アクション・リサーチ」N・K・デンジン他編『質的研究ハンドブック２巻』北大路書房, pp.229-264。

丸山里美, 2016, 「フィールドワーク」岸政彦他『質的社会調査の方法 ―他者の合理性の理解社会学』有斐閣, pp.37-94。

宮崎清孝, 1998, 「心理学は実践知をいかにして越えるか ―研究が実践の場に入るとき」佐伯胖他著『心理学と教育実践の間で』東京大学出版会, pp.57-101。

日本教育社会学会編, 2004, 『教育社会学研究　特集　教育臨床の社会学』第74集。

越智康詞, 2000, 「『制度改革』のなかの教師 ―教師の専門性・公共性・臨床性の確立に向けて」永井聖二・古賀正義編『《教師》という仕事＝ワーク』学文社, pp.143-165。

酒井朗, 2014, 『教育臨床社会学の可能性』勁草書房。

酒井朗編, 2007, 『進学支援の教育臨床社会学 ―商業高校におけるアクションリサーチ』勁草書房。

盛山和夫, 2004, 『社会調査法入門』有斐閣。

渋谷真樹・加藤美帆・伊佐夏実・木村育恵, 2015, 「教育社会学は教育実践にいかに貢献しうるか ―教師・学校をとらえる視角と方法―」『教育社会学研究』第97集, pp.89-124。

志水宏吉，1998，「教育研究におけるエスノグラフィーの可能性 ―『臨床の知』の生成に向けて」志水宏吉編『教育のエスノグラフィー ―学校現場のいま』嵯峨野書院，pp.1-28。

清水睦美，2006，『ニューカマーの子どもたち ―学校と家族の間の日常世界』勁草書房。

学習課題

1．学校のなかでこれまで聞かずに済ましてきた多様な意見としてどのようなものがあるか考えてみよう。
2．調査の際に気をつけるべき点は，他にどのようなことがあるか考えてみよう。

索引

●配列は五十音順，＊は人名を示す。

著者紹介

藤田　武志（ふじた・たけし）

・執筆章→1・2・4・7・8・9・11・15

1964年	東京都に生まれる
1991年	早稲田大学政治経済学部政治学科卒業
1997年	東京大学大学院教育学研究科博士課程単位取得退学
	日本学術振興会特別研究員（PD），上越教育大学准教授等を経て，
現在	日本女子大学人間社会学部教授
専攻	教育社会学，学校社会学
主な著書・論文	学歴・選抜・学校の比較社会学　―教育からみる日本と韓国―（共編著）東洋館出版社，2002年
	学力問題をめぐる言説の構造　―教育社会学的な学力論のインパクト―（単著）日本学校教育学会編『学校教育研究』第21号，2006年
	不登校数の増減をどう見るか　―学校の聖性説を再考する―（単著）『日本女子大学紀要　人間社会学部』第26号，2016年

西島　央（にしじま・ひろし）

・執筆章→3・5・6・10・12・13・14

1968年	兵庫県に生まれる
1991年	東京大学教育学部教育学科教育社会学コース卒業
1997年	東京大学大学院教育学研究科博士課程単位取得退学
	東京大学大学院教育学研究科助手・助教,
	首都大学東京人文社会学部准教授を経て
現在	青山学院大学コミュニティ人間科学部教授
専攻	教育社会学，文化政策学，音楽教育学
主な著書・論文	学校音楽はいかにして“国民”をつくったか『岩波講座近代日本の文化史5編成されるナショナリズム』（単著）岩波書店，2002年
	部活動　その現状とこれからのあり方（編著）学事出版，2006年
	戦時下の子ども・音楽・学校—国民学校の音楽教育—（共編著）開成出版，2015年
	社会問題化した「部活動のあり方」に音楽教育はどう臨むのか—中学生及び中学校教員対象調査データの分析から（単著）『音楽教育実践ジャーナル』vol.15，日本音楽教育学会，2017年

放送大学教材　1529358-1-2011（テレビ静止画）

教育調査の基礎

発　行　　2020年 3 月20日　第 1 刷

著　者　　藤田武志・西島　央

発行所　　一般財団法人　放送大学教育振興会
　　　　　〒105-0001　東京都港区虎ノ門1-14-1　郵政福祉琴平ビル
　　　　　電話　03（3502）2750

Printed in Japan　ISBN978-4-595-32173-3　C1337